Fashion makes smile

60歳からの着こなし

今日からもっと自由にもっと楽しく

good age stylist
花本幸枝

大和出版

はじめに　60歳からは「新たなおしゃれ」の幕開け

若い頃、還暦は人生の一区切りだから、ひとつのゴールで人生の集大成だと思っていました。

どんな60歳になっているか、そのために今をどう生きるかを、頭の隅でいつも考えながら過ごしてきたと思います。

ところが還暦を迎える直前から、60歳はゴールではなく、スタートなのではないかと思うようになってきました。

そんな頃、人生の先輩に、

「今までで、いつがいちばん楽しかったですか？」

とお聞きしたところ、彼女は、極上の笑顔で、

「60代よ、60代がいちばん楽しかったわ」

と答えてくださったのです。

その時、決めました！

60代は、自分のために楽しもう！

と――。


私は大学卒業後、大手アパレルに入社。営業希望にもかかわらず、ミセスブランドの企画に配属されました。

そこで恩師となるチーフデザイナーに出会い、商品企画やファッションショー、カタログ撮影や展示会ディスプレイなどを徹底的に学んだのが、今の私のベースとなっています。

その後、マーケティング部でＭＤディレクターとして新ブランド開発、大型店の出店などを経験し、早期退職制度で17年間の会社員生活を終えました。

独立してからは、ミセスブランドのディレクターをはじめ、呉服屋、インテリア雑貨の新ブランド開発など企業向けの仕事がほとんどでしたが「グレイヘア」をきっかけに、ファッションで同世代の女性をサポートしたいと考え、現在ではグッドエイジスタイリストとして活動しています。

ファッション業界は、見た目で判断される業界です。何を着ているか、どう着こなすかをいつも見られる環境でしたから、好きかどうかよりも、トレンドかどうか、注目されているブランドかどうかで洋服を選んでいました。

60代を自分のために楽しもうと思った時に、最初に頭に浮かんだのが、

「好きなものを着よう！」

です。

気がつくと、あんなに好きだったファッションが、いつの間にか自分を演出するツールになっていました。

プライベートでもそうです。母として、妻として、時には嫁としてどう見えるかを

考えながら装ってきました。

みなさんはいかがですか？

おしゃれの目的は、人それぞれでしょう。でも60歳からは、

「**自分の気分を上げるために、おしゃれを楽しもう！**」

と思います。


おしゃれは、幾つになっても女性を元気にしてくれます。

79歳でくも膜下出血で倒れ、施設に入らないといけなくなった母を笑顔にしてくれたのは、新しく買ったブラウスでした。

自宅に帰れないと怒っていた母も、その花柄のブラウスを羽織ると、たちまち笑顔になりました。


おしゃれは、女性の気分をすぐに上げてくれる魔法のお薬です。

これから年齢を重ねると、身体や心にさまざまな不調が出てくるでしょう。

それを乗り切るためにも、もっとおしゃれを活用してはどうでしょう。

自分の気分を上げるのは、誰かではなく、「私」です。


とはいえ、60代のおしゃれ情報は、どこを探せば見つけられるのでしょうか？

ネットや雑誌を色々見ましたが、どれも腑に落ちません。

書かれていることは真っ当なのですが、そこに載っているコーディネートは、高級ブランドだったり、業界受けブランドだったり……。

逆にプチプラ過ぎて気分が上がらなかったりと、私たち世代が参考にできるものではありません。

ルール通りに着てみても、素敵にはなれそうにありません。

その時気づきました。

「リアルな60代のための、おしゃれを楽しむノウハウがない！」と。

世の中には、さまざまなファッションセオリーがあります。ところがそのほとんどが40代までの女性のもので、60代以降になると、おしゃれよりも健康やお金のほうが大事になると思われているようです（苦笑）。

確かに、誰かのためにおしゃれをすることは減るかもしれませんが、自分を元気にするものなら、一生必要ではないでしょうか。

幾つになっても、おしゃれは女性を元気にします。元気で楽しく過ごすために、もっともっとおしゃれをしましょう！

そうは言っても、そんなにお金をかけられないわ、という方も大丈夫。

何を買い、何を買わないか？　何にお金をかけて何をプチプラにするのか？

おしゃれは、たくさんのお金よりも、正しい情報と経験があれば、充分楽しめます。

60歳を迎え、限られた予算の中で、老いと向き合いながらどうおしゃれをするか?

そのためのノウハウを、同世代だからわかる実感から、私が実践していることをご紹介します。

good age stylist　花本幸枝

2章 これからは「足し算」の「ファッションセオリー」

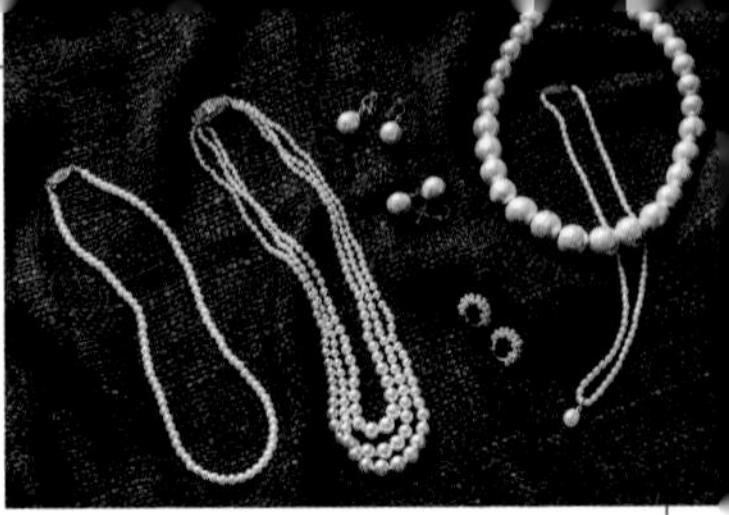

3章

〝私〟がグレードアップする「投資価値のあるもの」

4章 もっとおしゃれが楽しめる「洋服」との向き合い方

5章 髪を着こなす「グレイヘアでもそうでなくても」

1章

センスは「知識×経験」でアップする！

最初に行ってほしいのは、「今の自分を受け入れる」ことです。「現実と向き合う」「ありのままの自分を認める」と言ったほうがわかりやすいかもしれません。

人は往々にして自分には甘いもので、もちろん私もそうです。

たとえば、ＳＮＳに載せる自撮り写真は、ベストショットを選びますし、なんなら美肌モードで実際よりもキレイな写真を載せます。

そうやって気分を上げるのもとても大事ですが、これから歳を重ねる私たちに必要なのは、リアルな自分を直視し、これからどんどん老いていくという事実を認めることではないでしょうか。

そんなのはわかっているとお思いでしょうが、事実を認めるのは辛いものです。頭の中の自分のイメージは、10年前くらいで止まっていませんか？

私は、試着室の鏡でリアルな自分を見て、その老けぶりによく驚きます。

なんでもそうですが、現状把握をしてこそ、次の一手が見えてきます。
これをきちんとしていないと、改善どころか改悪になってしまいます。

ものは考えようで、何もしていない今を「0」地点とすれば、ここからいろんなノウハウを実践していければ、どんどんプラスに転じ、ワクワクの毎日が始められます！

面白いことに色々実践していると、年齢を重ねることでおしゃれが自由に楽しくなることに気づきました。
この本では、そういった60歳からのおしゃれの楽しみ方についてご紹介します。

目指すのは、
「若く見える私」ではなく「自分らしい私」です！

笑顔と姿勢が美人をつくる！

いまさら、と思われるでしょうが、この本の撮影でつくづく思いました。

歳を重ねると、美人かどうか、スタイルが良いかどうかよりも、その方の生き方と人柄が魅力をつくります。

それを最も素敵に見せるのが、笑顔と姿勢です。

この本では、「おしゃれは楽しくて、元気になる！」を表現したくて、たくさんの笑顔の写真を撮ってもらいました。その何千枚という写真の中から、本に載せる一枚を選びましたが、大変な作業なのに、どんどん元気に楽しくなるんです。

そう、笑顔は、素敵に見えるだけでなく、見る人を幸せにしてくれます。

笑顔と同じくらい大事なのが姿勢です。

スッと伸びた背筋は、若々しく元気に見えます。

いくらおしゃれなコーデでも、背中が丸まっていては、美しく見えませんよね。

「老い」が最初に現れるのが背中です。背筋が丸まっていると、それだけで老けて疲れて見えます。

まずは姿勢を整え、笑顔になりましょう。それだけで今より数倍素敵になります！


笑顔と背筋、からスタートしましょう！

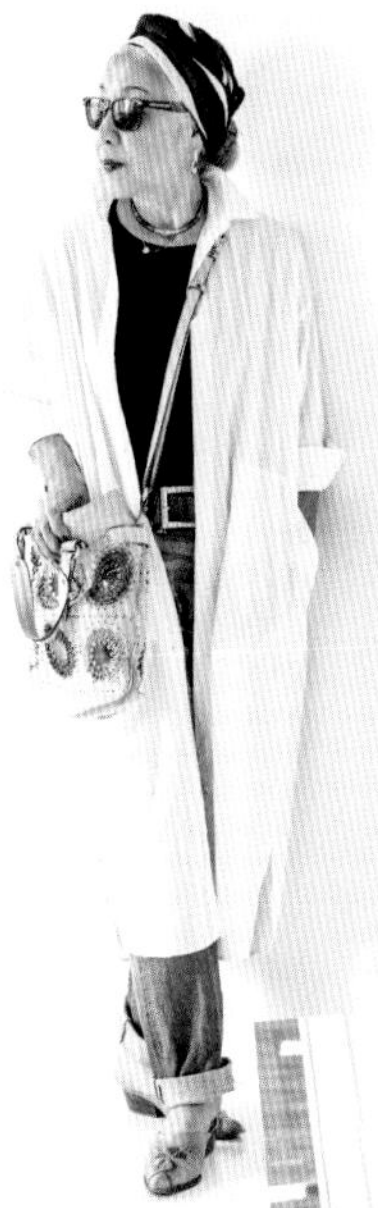

多くの方から、「センスはどうやったら磨けますか？」と聞かれます。

もしかするとみなさんも、

「センスの良さは特別なもので、生まれつきや環境では？」

と思われているかもしれませんが、

「センスは、誰でも確実に上げること」ができます。

私が考えるセンスとは、その人がいちばん輝けるスタイルです。

その人の好きなもの、似合うもの、大事にしていることがベースになりますから、人それぞれなのです。

センスは「知識×経験」でアップする

「知識」とは、何色が流行っているとか、どんなデザインが今年らしいかというトレンド情報ではなく、

「この年齢だからこその、着こなしのルール」です。

トレンドは、40代くらいまでならとても効果的ですが、私たち世代になると、むしろ老いを強調させてしまう場合があります。

それよりも大事なのは、

「気になるところをカバーするノウハウ」ではないでしょうか。

年齢と共に、いろんな悩みが出てきます。

顔がくすんできてなんとなく疲れたように見えるとか、お肉のつく場所が変わって、

何を着てもスッキリ見えないとか。

これをカバーしながら素敵に見せる知識が、いちばん大事です。

それには、**「目の錯覚」を利用し、「メリット、デメリットを天秤にかける」ことをおすすめします。**

顔を小さく見せたくて、タイトなヘアスタイルにすると、逆に顔が目立って大きく見えます。パーマでボリュームを出して多少頭が大きく見えても、顎をスッキリとさせると痩せて見えます。

黒を着て引き締まって見せるのと、レフ板効果の高い白を着て顔映りを明るく見せるのと、どちらが今のご自分に効果的かを比べてみる、とかです。

これこそが、若い頃とは違うルールです。

次に、「経験」についてお話しします。

いろんな洋服を、たくさん着ましょう!

買わなくても良いんです。とりあえず、試着をしてみてください。

みなさん、自分に似合うものを決めつけていませんか？

たとえば、細く見せるために黒しか着ないとか、スキニーパンツにチュニックを合わせて腰回りをカバーして痩せて見せるとか……。

確かにそれが素敵に見える時代もありましたが、ファッションも私たちも、年と共に変化していきます。

今までお気に入りだったコーデが、急に似合わなくなることは、誰もが経験しますよね。

若い頃は袖も通さなかったデザインも、しっくりと似合うようになることもあります。そこがファッションの面白いところです。

試着室に入って着替えるのは、ちょっと面倒かもしれませんが、それを重ねることで、確実に経験が増えてセンスアップしますから、その価値は十分あります！

バランスが決める

センスアップするいちばんの方法は、
全身が映る鏡の前から、1・5メートル離れて、客観的に全体のバランスを見る！

おしゃれかどうかは、「バランス」で決まります。
これが、何よりいちばん大事です。
この本の中でも、耳にタコができるくらい何度も出てきますが、それくらい重要ですよ。

「バランスなんて、どうやって判断するのかわからないわ」と思われるかもしれませんが、要は鏡から離れて全身を見て、違和感がなければＯＫです。

居心地の悪さを感じる時は、もう一度コーディネートを見直しましょう。

鏡を見た瞬間に、「好き！」と思えば、それがあなたに似合うスタイルです。

もっとご自分の直感に、自信を持ってください。

「好きなものが似合うとは限らない」とみなさん言われます。

でもね、鏡を見て「好き！」と思う気持ちは正解です！

この「好き」から始めることが、自分スタイルを見つけるコツです。好きだけど、どうもしっくりこない時は、セオリーに当てはまっていないのかもしれません。

少しずつ修正していくことで、バランスの落としどころを探しましょう。

洋服を決める場合は、メイクをして、靴とバッグ、アクセサリーをつけて、全身が映る鏡の前から、1・5メートル離れて見てください！

「全身を見る」とは人の目線で自分を客観的に見ることです。

頭の先から足の先までは、ひと目で見えないと、バランスはわかりません。

不思議なことに、小さなイヤリングひとつでも、見え方が大きく変わります。

アクセサリーやメガネは、上半身が見える鏡で合わせがちですが、アクセントとなるものだからこそ、全身が見える鏡で確認したほうが似合うものがわかります。

たとえばメガネも、顔だけが映る鏡で見ると派手すぎると思ったフレームが、全身を見ると個性的で似合っていることはよくあります。

一つひとつをどう選ぶかも大事ですが、全体でどうバランスを取るかを確認することがセンスアップの肝です。

カラーバランスにしてもそう。スカーフ一枚でも、何色を合わせるかで印象は随分変わりますよね。

できれば色を正しく確認するために、自然光で見てください。思っている以上に、室内で見る色と屋外で見る色は違いますよ。

こうやって全身を客観的に見ることで、どんどんセンスが上がっていきます。

簡単でしょ？

人のことはよくわかるけれど、自分のことは意外とわからないものです。

離れて全身を見ることで、他人の目線に近くなり、足りないところ、やりすぎているところが見えてきます。

自分らしくおしゃれを楽しむには、どう見えているかを、きちんと知っておくことが大事ですね。

鏡から、1・5メートル離れて、全身のバランスを見る癖をつけてください。

これを毎日続けていると、確実におしゃれの完成度が上がります。

痩せて見える4つのポイント

1 三つの首で華奢を演出

首、手首、足首を出すと、目の錯覚でほっそりと見えます！

中でもいちばん効果的なのが、首元です。

深いVゾーンで首を長く。

ここをスッキリ見せれば、確実に痩せて見えます。

年齢と共に、顔の輪郭がたるんで顎のラインがぼやけてきます。そうすると首が短く見えて詰まった感じになり、太って見えます。

首を長くするのは無理ですが、胸元に深いVゾーンをつくると、目の錯覚で首を長く見せることができます。

海外ドラマで中年の女性が、胸元が深く開いたシャツを着ているのを見ませんか？下着が見えるんじゃないかしらと思うくらいの深いV開きでも、不思議といやらしさを感じません。

若い頃は、肌を見せるとセクシー過ぎましたが、肌がくすんでくると、潔く見せても大丈夫。むしろスッキリ見えますから、どんどん出しましょう。

年齢を重ねるとおしゃれのセオリーが変わってきます。

デコルテの露出が気になる場合は、大振りのネックレスやミニスカーフを首に巻けば大丈夫。

首を隠しても、胸元にVゾーンがつくられるので、スッキリ効果はそのままです。

まずは、三つの首で痩せ見えをつくりましょう。

デコルテが自然のレフ板効果となり、顔映りを明るく見せます。ゆったりしたセーターから見える首元と手首が、全体的によりほっそりと見せてくれます。
セーター／イエナ、スカート／プラージュ

2―縦ラインでほっそり見せる

次に大事なのが、シルエットづくりです。

長方形で縦長のIラインをつくる

これも目の錯覚ですね。

痩せて見せるには、できるだけ縦に長い長方形のシルエットをつくります。

細いウエストを強調すれば痩せて見えるように思いますが、バストからウエスト、ヒップにかけてのカーブは、グラマラスな体型に見せてしまいます。

長方形のシルエットをつくるポイントは、ボトムです。

どんな体型の方でも痩せて見えるのは、

ワイドパンツとフルレングスのプリーツスカート。

「パンツならワイドでなくても縦ラインがつくれるのでは？」と思われるでしょうが、裾がすぼまっていると、逆に上半身やヒップの大きさが強調されます。

腰から裾に向かう垂直な縦ラインが、下半身をスッキリと見せます。

腿が張っている私は、パンツが苦手でスカートばかり履いている時期がありました。**ところがワイドパンツなら、腿にゆとりがあり太さが目立ちませんし、ウエスト位置からのストレートラインが足を長く見せてくれます。**

センタープレスが入っていると、より効果的。

腰回りが気になる方は、ロングの羽織りもので隠しつつ、縦ラインを強調できますから、スッキリ見えますよ。

私のように腿が張っていたり、O脚で足に自信のない方には、ワイドパンツがおすすめです。

ワイドパンツにロングカーデは、誰もがスッキリ見える鉄板コーデ。スカーフを長くたらすと縦ラインができるのと、目線を上に上げるのでよりスッキリ見えます。
カーディガン／ロペピクニック、Tシャツ／ GU、パンツ／ドアーズ、靴／ホーマーズ※（※は巻末に問い合せ先あり）

次におすすめするのが、フルレングスのプリーツスカートです。くるぶしくらいまでのフルレングスが、着痩せ、足長効果をよりアップさせます。90センチ丈で、身長157センチの私の足首までくる長さです。これは、たまたま撮影で白のボトムがほしくて、Amazonで買ったプチプラ商品です。

3年前のファッションセミナーでは、参加者のほとんどの方が試着されたところ、その着痩せ効果にみなさんが驚かれ、すぐにネットで購入されました。

細い幅でしっかりとプレスされたプリーツは、たくさんの縦ラインをつくるだけでなく、その凹凸が、体に沿いながらも体型を拾わないので、ほっそりと見せてくれます。

白のプリーツスカートは、はくだけで抜け感をつくってくれる優れものですから、今でも私の推しアイテムのひとつです。

次にもっと簡単に長方形ラインをつくる方法をお教えします。

カーディガン／アダムエロペ、スカート／ Amazon、靴／ホーマーズ※

3　上下同じ色を合わせる（セットアップ）

最近ではセットアップと言って、上下同じ色、同じ素材の洋服がたくさん出ています。

これはコーディネートがラクなだけでなく、上下同じ色を着ることで、簡単に縦ラインがつくれます。

おしゃれに自信がないと思われる方は、ここから始められると良いでしょう。

4　大切なのはサイズ感

洋服を選ぶのに、まずはデザインや色で決めますが、それ以上に重要なのがサイズ感です。

サイズ感とは、ゆるみ感と言い換えても良いでしょう。

体にぴったりしているシルエットのものがスッキリ見えるとは限りません。

むしろ適度なゆるみがあるほうが痩せて見える場合がよくあります。

いつも着ているブランドのものでも、デザインや素材によって、サイズが微妙に違うこともよくあります。

たとえ千円のTシャツであっても、いつものジーンズであっても、必ず試着をしてから購入しましょう。

そのシーズンのトレンドによっては、いつもよりも大き目を選んだほうがおしゃれな場合もありますし、タイトに着たい場合もあります。

最近はビッグシルエットのものが流行っているので、MサイズのXLサイズを着ることで、ベーシックアイテムがトレンドアイテムになる場合もあります。

ユニクロやGU、ZARAなどサイズ展開が多いブランドは、必ず2サイズ以上を試着してください。場合によっては、メンズのSサイズも試着しましょう。

私は、ウエストをシェイプしていないシルエットが好きなので、トップスはメンズのSサイズをよく着ます。

最後はいつもの通り、全身が映る鏡の前から、1・5メートル離れてバランスを確認しましょう！

サイズ感も、デザインのひとつです。

サイズ感によって、痩せて見えたり、太って見えるだけでなく、おしゃれに見えたり、もっさり見えたりします。

表記のサイズにとらわれず、ちゃんと試着をして、ご自分の目で確かめてください。

これこそが、試着のいちばんのポイントです。

1章のまとめ

・老いていくことを受け入れると、新しい自分が始まります。

・誰もがいちばん魅力的に見えるのは、笑顔と姿勢。

・大事なのは、気になるところをカバーする知識です。

・痩せなくて良いんです。痩せて見えるルールを活用しましょう。

・なによりバランスが大事!1・5メートル離れて全身をチェックしましょう。

2章

これからは「足し算」の「ファッションセオリー」

最近のファッションは、「少ない枚数で着回す」や「引き算」が流行です。

ついこの間まで、私もそう思っていました。

ところがおしゃれな友人たちを見ていると、毎日いろんなコーディネートで、楽しんでいます。

確かに、ベーシックでシンプルなファッションで毎日過ごしていると飽きてきます。

私は食べることが好きで、人生、あと何回食事ができるかと思うと、今日は何を食べようか？と真剣に考えます。

おしゃれもそうです。あと何回おしゃれして出かけられるでしょう？

そう思ったら、もっといろんなファッションを楽しみたくなりました。

ファッションは、自分の気持ちを上げてこそ楽しいものです。

今までは、母親らしく、妻らしく、年相応に見えるように装っていました。

これからは人生を楽しむために、自分のためにおしゃれを楽しんでも良いのではないでしょうか？

おしゃれって、そういうモノですよね。

でも、いきなり「おしゃれを楽しみましょう！」と言われても、戸惑いますよね。

そこでここからは、私たち世代のための、誰にでも当てはまるファッションのセオリーをご紹介します。

これを知っていれば、あとは経験！　ご自分でいろいろ試してみてくださいね。

ファッションがどんどん楽しくなりますよ。

効果絶大！
まずは白を着ましょう！

私たち世代の大きな悩みのひとつが、肌のくすみです。年齢を重ねると、肌のハリがなくなり、シミやシワ、たるみで顔がくすんできます。くすみをカバーするのは、お化粧だと思われますよね。もちろんメイクの効果も大きいですが、洋服でも肌のくすみをカバーできます！

1　レフ板効果は想像以上

白のレフ板効果は、かなり浸透してきました。これは撮影の時に、ライトや反射板で顔の下から光を当てることで、顔を白く明るく見せることです。

最近では、YouTubeの動画撮影やZoomなどリモートの時にも使いますね。「そんなに違うのかしら？」と思われているあなた！　一度、黒のトップスと、白のトップスを着て、鏡の前に立って見てください。

確実に白のほうが顔を明るく華やかに見えます。これも目の錯覚ですね。

実は肌自体にもレフ板効果がありますから、肌見せは女性をキレイに見せてくれます。

これまで「黒がおしゃれ」と言われる時代が長く続きました。顔にツヤとハリがある若い頃ならそれも素敵でしたが、年齢を重ねてくすみが出てくると黒はなかなか難しいカラーになります。

白は汚れるからとか、太って見えるから、と敬遠される方も多いですが、顔が明るく見える効果はそれ以上ですから、ぜひトライしてみてください！

2　おしゃれな「抜け感」をつくる

「抜け感がおしゃれ」も随分浸透してきましたね。これは、頑張りすぎない感じというか、リラックスした感じを、スタイリングの中に入れることです。

おしゃれも頑張りすぎないのが今の気分ですね。


ではどうやって抜け感をつくるのでしょう？

それは、「白」を足すことでつくれます。

たとえば、黒い靴を白のスニーカーに変えるだけで、バッグを黒から白に変えるだけで、柔らかい感じになりませんか？


白のトップスだけでなく、パンツやスカートなどボトムを白にするだけで、優しい感じになります。

白は、黒と比べると、柔らかく優しいイメージを与えます。これが抜け感です。

3 ― 実はどんな色にも合う

白は、どんな色にも合ううえに、合わせた色をキレイに見せてくれる特徴があります。

コーディネートを考える時、何色を合わせようかと悩みますよね。

私も今まで悩んだら「黒」を合わせていました。

黒もどんな色にも合いますが、パステルカラーなど優しい色の場合はその良さを消してしまうほどの力強さがあります。

頑張りすぎない今の時代感と、年齢と共に、穏やかになっていく私たちにぴったりなのは、黒ではなく、白です！

4　コーディネートに迷ったら

白を合わせましょう！
白には、さまざまな効果があります。
そのどれもが、私たち世代をサポートしてくれます。

・顔を明るく見せる
・抜け感をつくる
・どんな色にも合わせられる

こんな万能なカラーはありません。
白を着るだけで、確実におしゃれ度がアップします。
まずはワードローブに「白」を足しましょう！

インナー、靴、バッグを白に変えるだけで、明るく軽やかにまとまります。ニット／H&M、パンツ／ベルメゾン、スニーカー／ホーマーズ※、バッグ／トップショップ

私たち世代が黒を素敵に着こなすには、ゴールドのキラキラや、黒に負けないキレイな色を差し色に使いましょう！　コート／シクラス、ニット／ダーマ、パンツ／ZARA、ブーツ／トップショップ、バック／シーバイクロエ

5　誰もが華やかに見えるオールホワイトコーデ

「いつもと違うおしゃれがしたい！」という時におすすめなのが、オールホワイトコーデです。

これをコレクションで初めて見た時は、清楚なのに華やかなモード感に圧倒され、とても自分では着られないと思っていましたが……。

年齢を重ねると、さらりと着られるようになります。

オールホワイトコーデは、どんなに個性的な洋服よりも華やかに見えますし、人目をひきます。

だからこそカジュアルに着こなして、抜け感を出すのが今風の着こなしです。

まずは、コートインから始められてはいかがでしょう。

上下を白にするだけで、モード感と只者ではない風に見えるから不思議です。

シャツ／ドゥーズィエムクラス、
スカート／ブラン、靴／ZARA

白シャツから始めましょう！

「最初に、何を買えば良いですか？」と聞かれたら、迷わず「白シャツ」とお答えします。

実は最近まで、私も白シャツをあまり着ませんでした。

理由は、アイロンがけが面倒だったから……だけでなく、白シャツの効果に気づいていなかったからです。白シャツって、制服のイメージがありませんか？　おしゃれとは程遠い感じですよね。

ところが白シャツは、それ一枚を着るだけで、レフ板効果が顔を明るく見せて、深いVゾーンが首を長く、顔周りをスッキリとさせます。

それに気づいてからは、いざという時に手に取るアイテムに昇格しました。

デザイナーがショーの最後に挨拶する時に、白シャツ率が高いのもうなずけます。

おしゃれな人は、白シャツを素敵に着こなしていますよ。


私たち世代にとって、白シャツは必須アイテムです。

白シャツは、スッキリキレイに見えるだけでなく、着こなしのバリエーションがたくさんあります。

シャツの胸元を深く開けると、デコルテがキレイに見え、女性の美しさを引き立てます。

「開きすぎでは？」と気になるかもしれませんが、いつもより大振りなアクセサリーや鮮やかな色のスカーフが、品良く美しく見せてくれます。

白シャツなら、ボトムを選びませんから、エレガントなスカートやカジュアルなジーンズでも大丈夫です。

最近は白シャツがトレンドアイテムなので、いろんな素材やシルエット、デザインのものが出ています。

試着をした時に最初に見てほしいのが、Vゾーンの開きの深さと、襟の立ち具合です。

深いVゾーンをシャープにつくりたいので、基本、襟は寝かせないで立てて着ます。

素材は綿100％など、生地にハリのあるものがおすすめです。

スッキリ効果を最大限に求めるなら、ブラがギリギリ見えるか見えないかくらいがベスト。

次に大事なのが、丈とシルエットです。

ジャケットのインとして着ることが多かった白シャツですが、今は一枚着として着るデザインのもの、羽織りものとして着るタイプなどいろいろあります。

最近はビッグシルエットが主流ですね。着丈もお尻が隠れる丈、膝丈のものとさまざまですから、着こなしに応じて選びましょう。

まずは、ビッグシルエットでお尻が隠れるくらいのものを着てみてください。

それ一枚で、シルエットが決まりますから、白シャツのイメージを変えてくれるはずです。

白シャツ効果を考えると、一枚だけと言わず、いろんなシルエット、デザインのものを揃えるのがおすすめです。

あまりの活用度の高さに、私のワードローブには、白シャツコーナーができたくらいです。シャツはジャケットと並んで、パターンや仕立ての違いが出るアイテムですから、必ず試着をしてくださいね。

脇役だった白シャツが、私たち世代にとって最強のアイテムになりました。

ぜひ、袖を通してみてください！

家着としても、着こなしを広げてくれる白シャツ。カシュクールタイプは、軽い羽織ものとしても重宝します。白シャツ／ウタオ、インナー／GAP、パンツ／GU、スニーカー／マイム※

きちんと仕立てられた白シャツを一枚持っていると、いざという時に困りません。アクセサリー次第で、どんな場所にもOKです。シャツ／クローチェクロス※、スカート／トップショップ

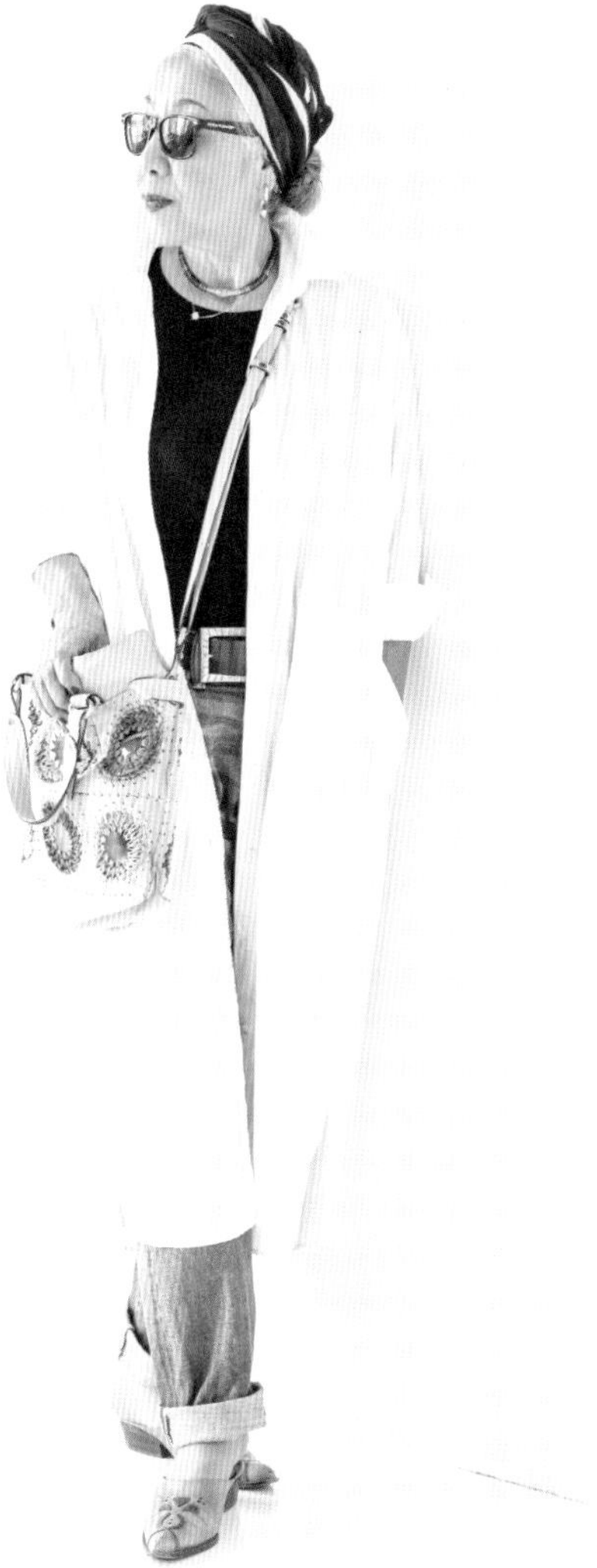

ロングシャツは、前を留めればシャツワンピースとしても着られます。前を開けて羽織ものとして着ると、縦ラインでスッキリ見えます。白シャツ／アダムエロペ、Tシャツ／H&M、ジーンズ／エドウィン、スカーフ／ラルフローレン、バッグ／ジャマンピュエッシュ

チュニック丈の白シャツは、後ろがギャザーで優しいデザイン。カジュアルになり過ぎず、大人かわいく着こなせます。白シャツ／プラージュ、ジーンズ／レッドカード、スニーカー／マイマイ※

おしゃれは色使いで広がる

私たち世代にとって「白」は最強カラーです。そうは言っても白ばかりでは飽きてしまいますよね。

うれしいことに、私たち世代は、キレイな色が似合うようになります！

私も50代になるまでは、黒やベーシックカラーばかり着ていました。着慣れていないのもあるでしょうが、キレイな色をどう着こなしたら良いのかわからなかったんですね。

ところが50歳を過ぎた頃から、急にキレイな色が似合うようになりました。

髪を染めるのをやめたのもあるでしょうが、いちばんは顔がくすんできたからだと思います。

その時、初めてキレイな色を着る楽しさを知りました。

十五歳年上の、憧れの女性がいます。

彼女の着こなしは、いつも色合わせが素敵でとてもエレガントでした。ベーシックな装いに、ふわっと巻いたストールの色が絶妙なバランスをつくったり、ビビットなインナーの差し色に驚いたり。

こんなふうに色を着こなせたら、素敵な女性になれそう……と、会うたびに思いました。

色を楽しめるようになり、そんな着こなしに、私も少し近づけたように思います。

最初に試したのは、ストールやスカーフなどの小物です。

いつものコーディネートに巻くだけで、格段に顔映りが明るくなります。

色を味方につけると、おしゃれが楽しくなります！

どんなデザインの洋服を着ているかよりも、何色を着ているかのほうが印象に残ります。

色を効果的に使えば、同じコーディネートでもイメージを違えて見せることもできますよ。

そうは言っても、いきなりキレイな色の洋服を着るのは、抵抗があるかもしれません。

まずは、小さい物から始めてみましょう。

歳を重ねたほうが似合うものもあるんですね。

生涯身につけることはないと思っていたキレイな色が似合うようになって、ますますおしゃれの楽しみは広がりました！

1 色を楽しむのはミニスカーフから

色を楽しむコーディネートは、ミニスカーフから始めるのをおすすめします。

スカーフなんてどう結んでいいかわからないし、何に合わせて良いかもわからないと思われるでしょう。

実は私も、スタイリストのくせにスカーフの結び方が苦手です。**普通サイズのスカーフは、今でもどう結んだら良いのか迷いますが、ミニスカーフなら小さいので、さっと結ぶだけでさまになりますから大丈夫ですよ。**

ミニスカーフの効果は、コーディネートのアクセントだけでなく、首を温めてくれるので体温調節にもなります。

冬場に限らず、クーラーで気温差の大きい夏場にも活躍してくれますから、私は年中バッグに入れています。

ミニスカーフの選び方は、いつもより数段鮮やかなものを選びましょう。

結んだ時に見える分量が小さいですから、「少し派手すぎない？」と思うくらいでも、鏡から1・5メートル離れてみると、程良いアクセントになっていることが多いですよ。

スカーフに限らずストールなどの巻き物は、幾通りかに結んで、色の出方を確認しましょう。

特にスカーフの場合は、結んだ時と広げた時の色の出方がかなり違います。

ミニスカーフの中でも、初心者さんにおすすめなのが、プリーツタイプです。プリーツが立体的なので、無造作に結んでもふんわりとさまになります。

私がおすすめするのは、ZARAやH&Mなどプチプラのインポートのミニスカーフです。

理由は、日本のものよりも、鮮やかな配色が多いことと、ポリエステルなので気軽に家で洗えるからです。

首は汗をかきやすいですから、洗濯がラクなのは大事ですね。

今まで手に取ったこともないような鮮やかな色を購入するのは、躊躇されるでしょう。

だからこそ、プチプラで思い切ってキレイな色にトライしてください。

スカーフ／ZARA、ニット／スタニングルアー

もうひとつは、古着屋さんのスカーフです。

レトロな色合いやモチーフは他にはない味わいがあります。

広げて使うわけではありませんから、多少のシミや穴があっても大丈夫ですよ。

最近実感したスカーフのメリットは、Zoomの時の首のシワを隠してくれることです。

リモートだとモニターに顔がアップで映りますよね。スカーフを巻くだけで、きちんと感も出ますし、顔周りが華やかになりますから、かなりおすすめです。

スカーフは、古臭いという方もいらっしゃいますが、私は歳を重ねるほど、品良く似合うようになるファッションアイテムだと思います。

だからこそ、もっと活用してほしいです。

上　ミニスカーフ／ZARA　下　古着屋さんのスカーフ

2 ― 小物で色を足す

次におすすめするのが、バッグや靴など、洋服以外のもので色を足す着こなしです。洋服がベーシックでも「小物が旬なもの」だとおしゃれ度が上がります。

バッグはブランドもの……という方も多いと思いますが、リーズナブルでトレンド感のあるものを、数シーズンと割り切って持つのもアリです。

靴とバッグは黒が合わせやすいからと、どんなコーデにも合わせる方がいらっしゃいますが、それをした途端に、おしゃれが遠のいてしまいますよ。

スカーフと同じように使えるのが、プロデューサー巻きと呼ばれるセーターの肩がけです。

これならスカーフのように結び目を気にすることもありません。

まずは小さなものから新しい色を取り入れて、色と仲良くしてみましょう！

ベーショックカラーの装いだからこそ、加えるカラーで随分違って見えます。アクセントカラーを変えるだけで簡単に着こなしの幅が広がります。ワンピース／フレームワーク、肩からかけたカーディガン／ユニクロ、スニーカー／ホーマーズ※

3 ―― アクセントカラーになるネイル

色を楽しむ方法のひとつとして、ネイルをおすすめします。

私たち世代は、ネイルを楽しんでいらっしゃる方は少ないかもしれません。

指も年齢とともに、太く節くれだってシワもたくさんできます。

そんな老いをストレートに感じさせる指も、爪が整ってツヤツヤしたキレイな色だと、それなりに貫禄のある、美しい指に見えてくるから不思議です。

ツヤ感のあるキレイな色は、ジュエリー以外なかなか身につけることがありませんが、ネイルならさまざまな色と光沢感を、まるでアクセサリーのひとつのように楽しめますよ。

ネイルをしているのかどうかは、まるでスッピンかどうかくらいの差が出ます。

逆に言えば、やればやっただけ効果が出るところです。

ベースコートやトップコートを塗るだけでも、充分輝きます。

ネイルシールもおすすめ

最近は、100円ショップでネイルシールを売っていて、これが意外と使えます。貼ってみると、見た目は普通のネイルと同じように見えますが、シールですからいつでも剥がせます。

手先は目につきやすいところです。ここをツヤツヤにしておくと、きちんとして見えますよ。

撮影時にネイルシールでいらしたモデルの松橋さん

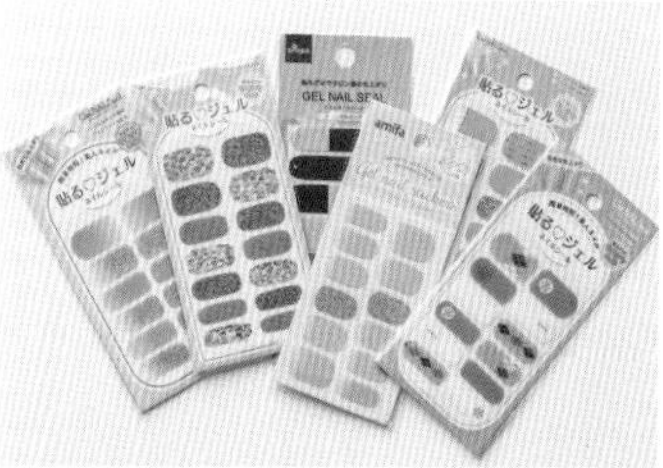

100円ショップのネイルシール

アクセサリーで輝きをプラスしましょう！

白のレフ板と同じくらいか、それ以上に効果的なのが、アクセサリーの輝きです。

あるトークショーが終わって、40代くらいの女性に話しかけられました。

「どうしたらもっとおしゃれになれますか？」

白シャツにグレーのVネックのセーター、ジーンズ。清潔感はあるけど、少し地味な装いです。

そこで彼女に、私がつけていた細いゴールドのチョーカーをして、鏡を見てもらうと、たった1本のアクセサリーで、見違えるほど華やいで見えました。

これにはご本人も驚かれましたが、私もびっくりしました。

私たち世代には、アクセサリーのキラキラが必要、いえ必須です！

年齢を重ねると、肌のハリがなくなってきます。若い頃はピチピチと輝くほどでしたが、今やシワやたるみでくすんできます。

でも大丈夫。輝きを足すには、アクセサリーがあります。

若い頃は、キラキラしたアクセサリーをつけると、なんとなくやりすぎ感が出て似合いませんでしたが、この年齢になると、どんな大ぶりなキラキラをつけても、嫌味に見えないどころか、むしろ、ゴージャスで素敵に見えます。

アクセサリーやジュエリーも、歳を重ねるほど似合うようになるアイテムです！

シャネルを思い出してください。パールのロングネックレスを何重にもかけて、そのうえカメリアのブローチまでつけていますが、品良くエレガントです。

ここにも、私たち世代だからこそのファッションのポイントがあります。

アクセサリーこそ、足し算！

ストレートに言うと、年齢と共にくすんできた顔に輝きを与えるために、キラキラした貴金属が必須になります。

肌のハリや輝きが薄れてくる分、何かで補わないとくすんだままになってしまいますよ。

まずは、顔にいちばん近いところで、イヤリングやネックレスをつけてみてください。

どんなシンプルなものでも、小さいものでも良いのです。キラキラを顔周りにつけると、それだけで顔が明るく見えます。

逆を言えば、

これほどまでにアクセサリーの効果を発揮するのが、私たち世代です。

たくさんのキラキラは、年齢を重ねた私たちにしか似合わない着こなしを見せてくれます。

アクセサリーは、女性の気持ちを上げてくれるだけでなく、運気も上げてくれるとか？

手元につける指輪やブレスレットは、目に入るので、見るたびに気持ちを上げてくれます。

アクセサリーは、私たち世代の強い味方なのです！

1　パールは上品なレフ板効果

アクセサリーのキラキラが大事と言われても、日頃つけたことがない方には少し抵抗があるかもしれません。そんな方におすすめなのが「パール」です。

その上品な輝きと白いレフ板効果が、似合わない女性はいません！

パールといえば冠婚葬祭をイメージされますが、これからはもっとカジュアルに着こなしましょう。

私がおすすめするのは、小粒の「ベビーパール」と、大きなサイズなのに軽い「コットンパール」です。

どんな装いにも合わせやすいのがパールですから、珠の大きさや長さなどいくつか持っていると便利です。

その品の良い輝きは、カジュアルな装いをクラスアップしてくれます。

2 ― アンティークなら馴染みます

繰り返しになりますが、私たち世代には、アクセサリーは必須です！

そういう私も、数年前まではほとんどアクセサリーをつけませんでした。

まず重いネックレスは肩が凝るので無理、ピアスの穴を開けていないので、イヤリングだと痛いし落としそうです。唯一、指輪だけはつけていました。

ところが、くすんだ顔を明るくするのにキラキラが効果的だと気づいてから、急にアクセサリーに目がいくようになりました。

最初はキラキラに目が慣れていないせいか、なんとなく違和感があり落ち着きません。

このキラキラがもう少し控えめだったら……と思いながらアクセサリー入れを探してみると、母の使っていたブローチを見つけました。

50年ほど前のものでしょう。

シルバーがちょうど良い感じにくすんでいて、程良く落ち着いて見えました。

アンティークという手があったんですね。

ピカピカしたアクセサリーに抵抗がある方は、アンティークアクセサリーから始められてみてはいかがでしょう。

アンティークの良いところは、程良い光り方だけでなく、その時代だからできた細工など、人の温もりを感じるところです。

高価なイメージがありますが、要は古いアクセサリーで、古着屋さんでも見つけることができます。

時を経たアクセサリーは、歳を重ねた私たち世代と同じキャリアを重ねていますから、とても馴染みます。

そこには、時を経たからこその優しい美しさがあります。

人も、モノもそうではないでしょうか。

時間は、衰えさせるものもあれば、新たな魅力も生み出します。

アンティークアクセサリーは、そんなことも教えてくれます。

「アンティーク」とは、製造から百年以上経っているものを指すので、正確には「ヴィンテージ」や「ユーズド」と呼びます。

でも私は「アンティーク」という響きが素敵なので、ついついそう呼んでしまいます。新しくなくても、素敵なものはたくさんあります。

私たちもそうありたいと思います。

3──一推しのアクセサリー

最近の一推しアクセサリーは、「バングル」です。

私たち世代は、ブレスレットはしても、バングルはされたことがない方が多いと思います。

私も最近まで、バングルをほとんどつけませんでした。理由は、腕時計をつけるから。携帯電話が時計代わりになると、何にもつけていない手首が寂しくて久しぶりにバングルをしたところ、びっくり。大振りのバングルは、より手首の細さを強調し動くたびにキラキラと輝いて、存在感があります。今では長袖の時も、袖の上から見せる

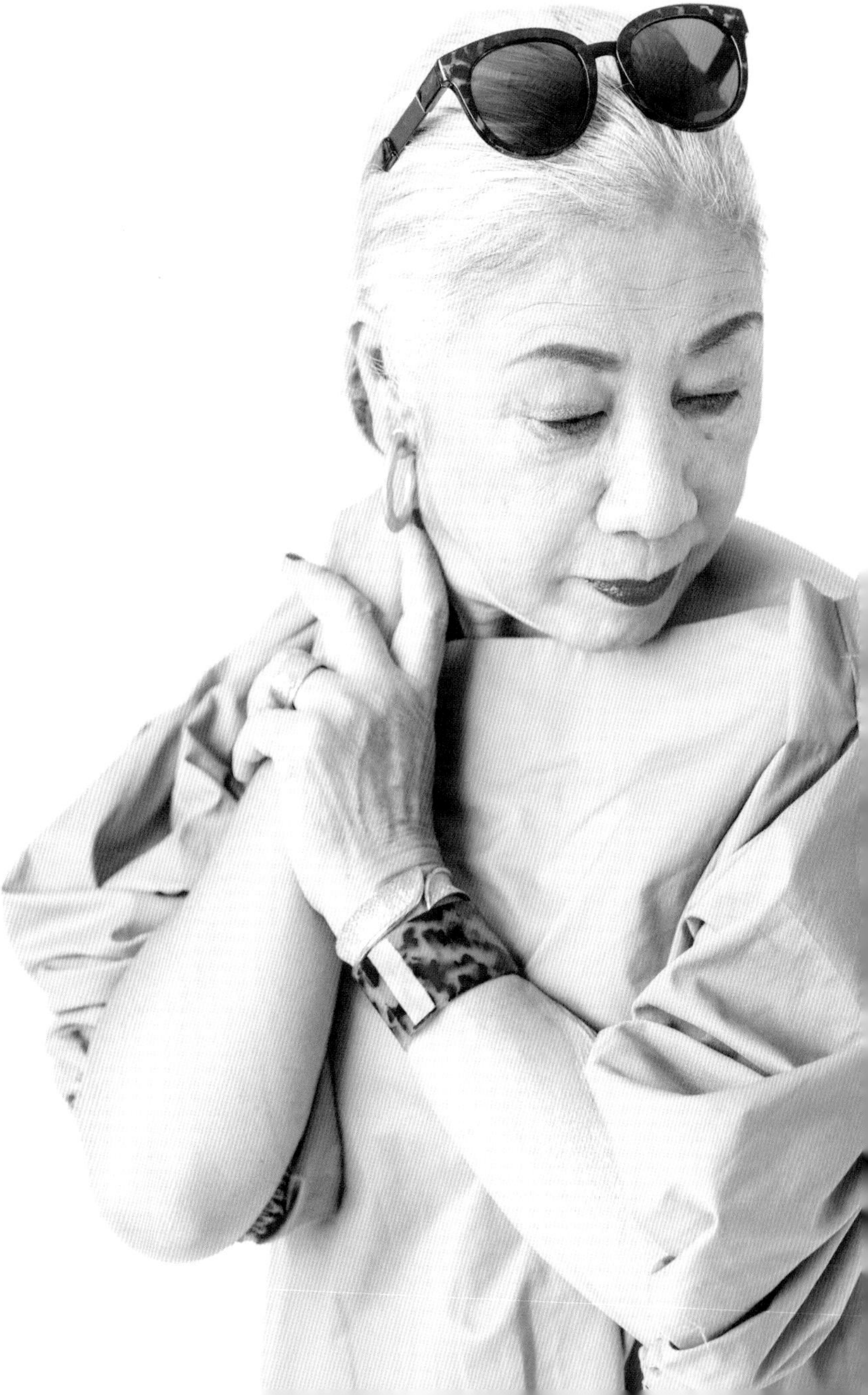

ようにバングルをつけるようになりました。

私たち世代でバングルをしている方はまだまだ少ないだけに、つけているだけで目を引きますし、おしゃれ度が増します。

バングルだと大振りでボリュームがあっても、ネックレスのように肩が凝ることはありませんよ。

キラキラを効果的に見せるアクセサリーとしても最強です。

馴染みのないアイテムですが、どうか一度試してみてください。

バングルなんてどこで探せばよいのかわからない、という方には、「メルカリ」をおすすめします。

初めてのアイテムはまずは安価なものから始めましょう。

「何を着るか」より「どう着こなすか」

おしゃれをとことん楽しむためにご紹介したのは、洋服よりも、その周りの小物です。何を着るかは、その方の好みや体型により違ってきますが、どう着こなすかはどなたにも当てはまります。

おしゃれのかなめは洋服だと思われますが、実は周りを彩る小物によって随分と見え方が変わります。

それに気づいてもらえれば、おしゃれはもっと楽しくなるはずです。

同じコーディネートでも、シャツの袖口をどのくらいロールアップするのか、ブローチの付ける位置はどこにするのかで、見え方がずいぶん違いますね。

「何を着るか」はモノありきですが、「どう着るか」は、全身のバランスを整えることで決まります。

コーディネートを決めて、着てしまえば完了、ではありません。それをどう着こなすかが大事になります。

キレイに見せるポイントはもうおわかりですよね。

1・5メートル離れて、全身が映る鏡で見ることです。

いつも、そうやってバランスを確認していれば、新しい着こなしにチャレンジできますし、おしゃれがどんどん楽しくなるはずです。

おしゃれの正解は人それぞれで、ひとつではありません。

自分のためのものですから、正解があるとしたら、心地良くて気持ちが上がるかどうかです。

全体のバランスを見つつ細部を気にするようになると、さらにセンスアップして楽しくなるはずです。

自分のイメージするスタイリングに近づけるためにも、どうぞ全身のバランスを見てくださいね。

2章のまとめ

・もっと白を着ましょう。
それだけで
おしゃれ度がぐんと上がります。

・歳を重ねたからこそ、
キレイな色が似合うようになりますよ。

・いつでもどこでも、
アクセサリーは必須です。

・色使い、小物使いが
センスアップの肝です。

3章

〝私〟がグレードアップする「投資価値のあるもの」

お金がいくらでもあって、ほしいものを何でも買えるなら別ですが、現実はそうはいきません。

ましてや老後に向けて、お金は大事です。だからと言って、節約ばかりでは楽しくありませんよね。

「若く見られるおしゃれ」から「自分の気分を上げるおしゃれ」にシフトチェンジする今こそが、お金の使い方を見直すベストタイミングです。

ファッション業界に40年近くいますと、たくさんの買い物経験があります。

良かったものもあれば、失敗もたくさんあります。

それらの経験から、ファッションのプロだからこその、私なりのおしゃれ投資術をご紹介します！

キーワードは、「投資価値のあるもの」。

これからもおしゃれをして楽しく暮らすには、

お金をかけるものを見極めましょう！

いちばん投資価値のあるものは、靴

おしゃれかどうかは、靴で決まると言っても良いくらい、着こなしのかなめになります。

最近はシンプルな洋服が多いので、着ただけではコーディネートは決まりません。

そうかといって、インパクトのある靴を選べば良いわけではありませんよ。

これも全体のバランスですね。


これまで色々な洋服を着て、着こなしを整えるのは靴だとわかりました。

おしゃれな人が靴にこだわるのは、その効果を知っているからです。

おしゃれな靴というと、ヒールの高い有名ブランドが浮かぶかもしれませんが、私たち世代には向いていません。

ここでいちばん大事なのは、「ラクでおしゃれ」な靴です。

いくらコーディネートが素敵でも、靴が痛くて歩けなくては元も子もありませんよね。

ラクでおしゃれな靴こそが、私たち世代にとって、もっとも投資価値が高いものです。

ファッションの肝であり、健康にも関わる靴は、しっかり選んでほしいアイテムです。

スニーカーがトレンドになって、本当に良かったです。

トレンドならいずれ廃れてしまうでしょうか？　いいえ、大丈夫です。ファッションも快適さを求め続けますから、どんな時代になっても、スニーカーがなくなることはありません。

そうは言っても、どこにでもスニーカーで出かけるわけにはいきません。

ここでは、おしゃれを格上げするためのスニーカーと、冠婚葬祭に必要な黒いパンプスに絞って、ご紹介しましょう。

1 ― 白スニーカーをすすめる理由

今、私がいちばん履いているのが、白いスニーカーです。この本を見ていただいてもおわかりでしょうが、たくさんのコーデに白スニーカーを合わせました。それくらい便利でおしゃれなアイテムです。

今はスポーツブランドにかかわらず、いろんなブランドがスニーカーを出していますから、色々選べます。おすすめなのは、ベーシックでシンプルなもの。本革ならより高級感が出て、大人のスニーカーとして申し分ありません。

選ぶポイントは、ソールが3センチ以上のもの、キャンバス地のような布ではなく、革（合皮でも良い）を選んでください。

それだけで今までの靴と同じ感覚で履いてもらえます。最近はスニーカーでも、厚底でより足長効果が期待できるものもありますよ。

おしゃれでラクな白スニーカーを一足持っておくと、コーディネートが簡単に決まります。

今まではバレエシューズのような女性らしい靴を合わせることが多かったかもしれませんが、今の気分ならワンピースにも、キレイめスニーカーを合わせましょう。おしゃれでラクなコーデのできあがりです！

ラクでおしゃれなスニーカーこそ、良いものを選んでほしいです。右上から時計回りに、ホーマーズ※、マイマイ※、ホーマーズ※、マイム※

ワンピース／フレームワーク、肩からかけたカーディガン／ユニクロ、スニーカー／ホーマーズ※

2 冠婚葬祭用の黒いパンプス

次に用意していただきたいのが、黒いパンプスです。

みなさん、喪服はちゃんと用意されても、パンプスはあるものを履けば良いと思っていませんか？

以前は大丈夫だったのに、久しぶりに履いたら痛くて歩けなかったと、よく聞きます。足裏の筋肉も年齢と共に低下して、アーチが崩れて急に痛くなることはよくあるそうです。日頃、ラクな靴しか履いていないと、気づきませんよね。

昨年、義父の法事用に、ラクでキレイなパンプスを探しました。

黒いパンプスはたくさんありますが、扁平足で外反母趾のうえ、左右差が4ミリも差がある私に合うものを探すのはなかなか大変です。

ラクな靴は、あります。でも冠婚葬祭のきちんとした席だからこそ、キレイなパンプスを履きたいです。

スーツ／D&G、パンプス／ティエリーラボタン※

ラクな靴……で思いつくのが、「コンフォートシューズ」と呼ばれる黒っぽいスニーカーのような靴です。

年配の方が履いているのをよく見かけますが、どんなにおしゃれな装いでも、あれを履いただけで、残念なおばあさんに見えてしまいます。

そのくらい、靴はコーディネートのイメージを決めてしまいます。ラクでおしゃれなパンプスは、必要です。

そこで次項では、どうしたらそういった靴が見つかるのかをお伝えしましょう。

どれも革が柔らかく、履きやすさにこだわったつくりで足に馴染みます。キレイでラクなパンプスをぜひ試してみてください。
左：ホーマーズ※、中央、右ともにティエリーラボタン※

3 ― 親切な靴屋さん「オートフィッツ」

靴選びは、洋服と違い、サイズ感や見え方だけでなく、足に合っていなければ、健康にも影響してしまいます。

今までは靴をデザイン重視で選んできましたが、今では、足に良いかどうかに気をつけるようになりました。

そのきっかけをくれたのが、オートフィッツです。

元々は足に優しいドイツ靴が中心でしたが、今では足に良くておしゃれなインポートの靴をたくさん揃えられています。

初めてうかがった時、オーナーの吉野さんは、私の歩き方を見ただけで、悪いところを指摘されました。

その後丁寧な計測をして、左右の足裏の長さが4ミリ違い外側にねじれているため、アーチが崩れていること、気をつけないと膝が痛くなって何年か後には、歩けなくなると言われました。

脅かすのではなく、悪いところをきちんと教えてくれ、どんな靴が合わなくて、どこに注意して選べば良いかを教えてくれます。

吉野さん曰く、「靴に足を合わせるのではなく、足に靴を合わせる」のが靴選びだそうです。

そのためにお店に工房がありますから、その場でインソールを調整してくれます。足のためのインソールも、つくりのしっかりした靴に入れないと、固定されず効果が出ないそうです。

最初に私が購入したのは、5センチヒールの靴とウォーキング用のスニーカーです。パンプスだけでなく、スニーカーにもインソールを入れます。

健康のためのウォーキングですが、足に合わない靴では、逆に足の負担を大きくするそうです。

腰が痛くて普通には歩けない時も、このウォーキングズシューズなら、不思議と痛みが和らぎ歩けました。足に合った靴は、こんな効果もあるんですね。

歳を重ねると、どんな方でも足に問題が出てきます。その時に相談できる靴屋さんがあると心強いですよ。

オートフィッツは、きちんと歩けて、おしゃれな靴が探せるだけでなく、自分の足に向き合うきっかけをくれるお店です。

メガネは顔のアクセサリーです！

次に投資価値があるのは、「メガネ」です。

メガネはおしゃれじゃないと思っていた私は、必要な時以外は極力かけないようにしていました。

それが今では、**コーディネートの最後にメガネを選ぶほどの、ファッションアイテムになりました。**

きっかけは、初めての遠近両用メガネです。

老眼が進んだので、近眼用のメガネだと手元がぼやけて見えません。

メガネって、男性向けのイメージが強くて、女性らしいメガネを探しても、せいぜい赤いフレームくらいしかありませんよね。

ある日、たまたま入った小さなメガネ屋さんに、カラフルでいろんなデザインのフレームが並んでいました。

お店の方にうかがうと、ほとんどがインポートもの。

メガネを見るだけでワクワクしたのは、初めてです。

「こんなメガネがほしかった！」と思いました。

いちばん驚いたのは、加齢でぼんやりしてきた顔が、メガネでいい感じに引き締まったことです。

フレームのサイドがキュッと引き上がっていると、目の錯覚でリフトアップして見えます。

キレイなカラーのフレームは、まるでメイクのようにくすんだ顔を明るく見せてくれます。

「メガネは、顔のアクセサリー？」と思うほど。
それから、私のメガネ好きが始まりました。

1 ― 自分に合ったメガネの選び方

メガネ選びは、顔の形やサイズに応じたセオリーがありますが、それよりも大事なのは、「自分をどう見せたいか？」です。

メガネはいちばん目立つところにかけますから、本人の印象を大きく変えます。キリッと見せたい時、優しく見せたい時、元気で楽しそうに見せたい時など、イメージ通りに見せてくれるのがメガネです。

ところがメガネ初心者は、どうしても見慣れた無難なものを選んでしまいます。だからこそ、メガネは人に選んでもらいましょう！

私も最初のメガネは、お店の方に見立ててもらいました。何本も試したフレームは、見事に自分では選ばないものばかり。

色々試しすぎて、どれが似合うのかさえわからなくなったので、結局おすすめのものに決めました。

その時は、「もしかしたらこのメガネはかけないかもしれない……」と思うほど、私には違和感があったのは秘密です。

ところが、そのメガネをかけていると、たくさんの方が褒めてくださいます。

今でこそ、自分で選べるようになりましたが、最初は、やはりメガネのプロに選んでもらうのをおすすめします。


メガネを選ぶ時も、必ず全身が見える鏡で見てください。

顔が映るだけの鏡だと、つい無難なものを選んでしまいがちです。

後列左よりセリマ※、アン・バレンタイン※、
アキット※、前列左よりアン・バレンタイン※、
アン・バレンタイン※

メガネは、顔につけるアクセサリーです。

おしゃれなメガネは、インパクトがあるものも多いですから、必ず、全身が映る鏡で、1・5メートル離れて見てください！

似合うメガネをかけると、より素敵に見えますが、無難なメガネは、確実に老けて見えます。

その差たるや、10歳は違うでしょう。

メガネひとつで、おしゃれ度を格段にアップできます！

2　おすすめのメガネ屋さん①
モードなメガネなら「グローブスペックス」

早くからメガネをファッションアイテムとして扱われてきたのが、グローブスペックスです。ミラノで開かれるメガネの展示会では、2年連続で世界一の眼鏡店にも選ばれました。数多くのブランドを取り扱われ、その品揃えは日本一だと思います。

中でもおすすめなのが、フランスのブランド「アン・バレンタイン」です。

そのファッション性の高さは、初めて見る誰もが驚かれます。

私の最初の遠近両用メガネもアン・バレンタインでした。他にはないキレイなカラーとポップなデザインが特徴で、見ていただければ、メガネがアクセサリーだと頷けると思います。「イメージを変えたい！」と思われる方に、ぜひ試していただきたいブランドです。グローブスペックスのＨＰで、全国の取扱店舗も見られますので、お近くのお店で試してみてはいかがでしょう。

右上から：タリアン※、アン・バレンタイン※、セリマ※、アン・バレンタイン※、アン・バレンタイン※、タリアン※

3 ― おすすめのメガネ屋さん② おしゃれメガネなら「アキット」

おしゃれなメガネには、二通りあります。

ひとつはアン・バレンタインのように、カラーやデザインにインパクトがあり、かけるだけでイメージチェンジができる、アクセサリーのように目立つメガネ。

もうひとつは、その人らしさを引き立たせるメガネ。

アキットは後者です。

デザイナーの川上さんは、「おしゃれな人だな、と思って近づくと、素敵なメガネをかけていた……」

そういうものをつくりたいとおっしゃっています。

アキットのフレームは、一見シンプルですが、細部に遊び心とこだわりがあり、かけるとフワッと優しいイメージになります。

まさに女性のためのフレームです。

こんなに繊細なフレームなのに、かけると程良く顔を引き締めて美人に見せてくれますよ。

3年前、もう一度お客様と接しながらデザインがしたいと、白金台に直営店をオープンされました。

全国の百貨店やメガネ専門店でも購入できますが、商品のことをいちばんわかっているデザイナーの川上さんに見立ててもらえる白金台のお店は、特におすすめです。

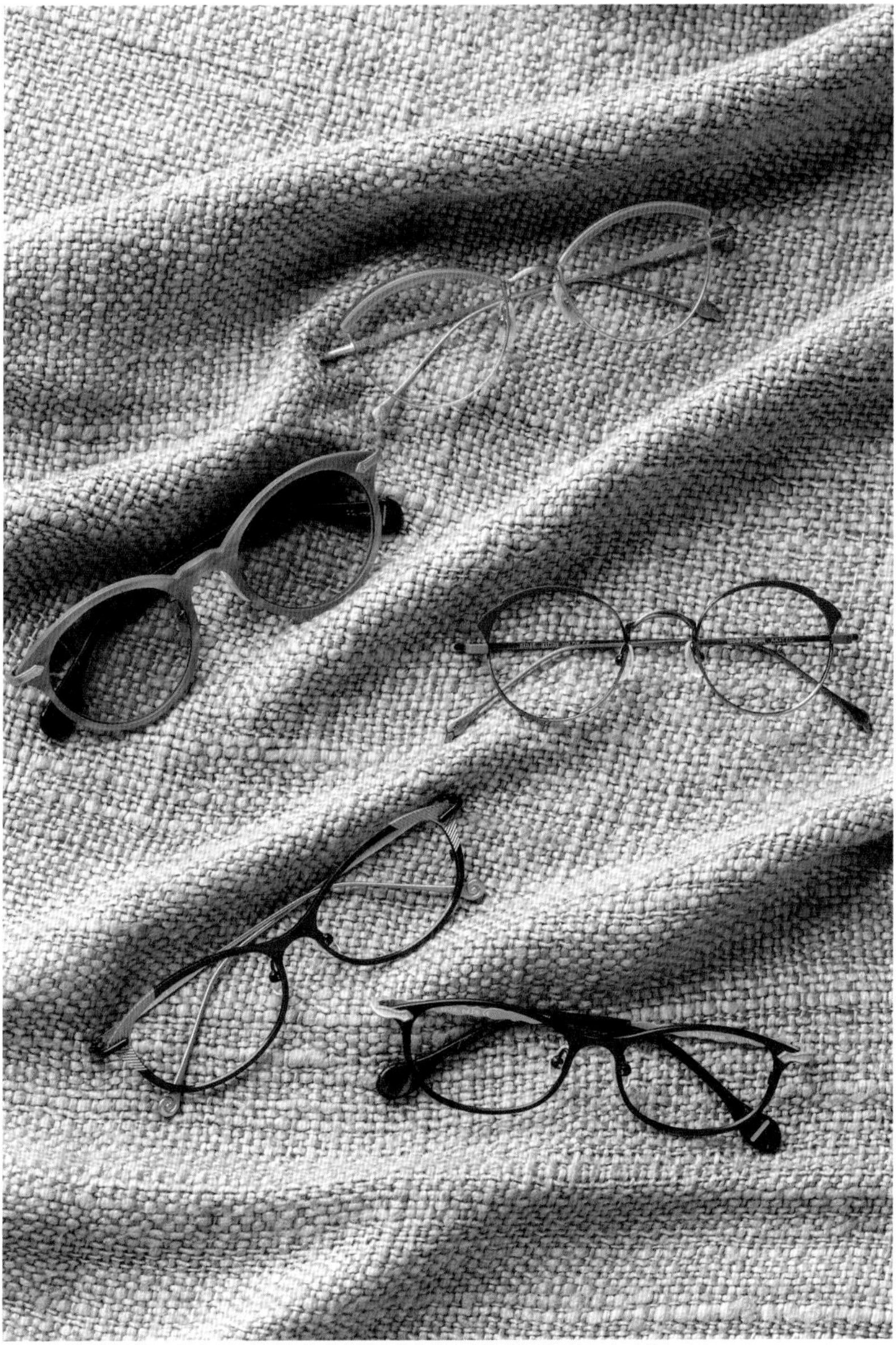

すべて、アキット※

私たち世代に、ノーアクセサリーはあり得ません！

2章でも、着こなしのポイントとして、色々なアクセサリーをご紹介しました。若い頃は、年配の女性がジュエリーやアクセサリー好きなのがわかりませんでしたが、今なら、よくわかります。年齢を重ねると、アクセサリーやジュエリーの力が必要になるのですね。

歳と共に、顔だけでなく全体のイメージがなんとなくくすんできます。それをカバーするのが、キラキラ光るアクセサリーです。

若い頃は、肌にハリもツヤもありますから、アクセサリーをつけ過ぎると逆に野暮ったく見えます。

ところが私たち世代になると、ノーアクセサリーでは寂しく見えてしまいます。

むしろ重ね付けが似合うのは、この年齢だからこそです。

そのくらいアクセサリーやジュエリーが、おしゃれ度を上げるキーアイテムとなります。

アクセサリーは収納場所をとりませんから、少し古く感じても、処分しないでくださいね。


アクセサリーの効果は、くすみを取ってくれるだけではありません。

自分がつけている指輪やバングルを見るだけで、気分を上げる効果があります。

カジュアルコーデが増えてくるからこそ、若い方とは違う大人の着こなしとして、アクセサリーをもっと使いましょう。


何を着るかよりも、何をつけるかで、おしゃれ度が変わります。

着こなしの仕上げとして、つけても見ても気分の上がるアクセサリーやジュエリーは、私たち世代にとって価値あるアイテムのひとつです。

1 — 厳選されたヴィンテージアクセサリーショップ「ジェリクール」

アクセサリーの中でも、控えめな輝きと、手の込んだ細工が美しいのが、ヴィンテージアクセサリーです。

見るだけでも、惚れ惚れしますね。

私がいつも撮影や自分のために購入するのが、神楽坂の「ジェリクール」です。**ジェリクールをおすすめするいちばんの理由は、オーナーの清水さんの審美眼と加工技術です。**

清水さんは、10年間コスチュームジュエリーの修理や加工をされて、その後アンティークのお店を始められました。

修理はもちろん、イヤリングはお客様の耳の形を見て、ベストの状態に調整してくれます。

すべて、ジェリクール ※

ネックレスの長さ調整、イヤリングをピアスに加工し直すなど、どんなメンテナンスもOKです。

おすすめは、コスチュームジュエリーだからこその、大振りなものやキレイな色のものです。

これらは本物のジュエリーでは表現できないサイズ感とカラーでインパクトがあります。どちらも、私たち世代だからこそ着こなせるものばかりですよ。

清水さんは、「どなたも、必ず似合うものがあります！　納得いくまでどんどん試着をしてください」

とおっしゃいます。

他にはない、自分に似合う一品を選んではいかがでしょう。

2 オーダーメイドも可能なPFE TAKASHI DEGUCHI

パールの上品な輝きは、他のジュエリーにはない「照り」があり、何とも言えない美しさです。

最近パールが注目されていることもありますが、大人の女性にこそ似合うのが、ひとつずつ色も形も違う「バロックパール」です。

大振りのバロックパールは、それだけで存在感があり、唯一無二のものです。大きいのに形がいびつなので、カジュアルにつけられるのも今の時代に合っていますね。

PFE（パールファーイースト）は、デザイナーの出口さんが、海外からパールを輸入され、**一粒ずつのパールに合うデザインを考え、自ら加工されます。**

均一なものが美しいとされる今までのパールの常識から離れ、個性を活かしながらデザインしていくのは、手づくりだからこそできることです。

まさに、素材の魅力を最大限に引き出す方法です。

ＰＦＥでは、オーダーができます。

好きなパールを選び、出口さんと話しながら何をつくるか、どんなデザインにしていくかを決めます。私はそうやって一粒パールのチョーカーとリングをつくってもらいました。ジュエリーのオーダーなんて他ではお願いしたことがありません。

それができるのも、出口さんが自らデザインも加工もされるからです。

いろんなパールの話を聞きながら、デザインを決めていく時間は、他では経験できない至福の時です。

出口さんは、「かっこいいパールジュエリーをつくりたい」と私たち世代をイメージしてデザインをされているので、しっくり馴染むのでしょうね。

本物のジュエリーは、それをひとつつけるだけで、プチプラコーデを格上げしてくれます。

すべて、PFE TAKASHI DEGUCHI*

メリハリ消費でファッションの幅が広がる

この章でご紹介した、靴とメガネ、アクセサリー、ジュエリーは、全体のおしゃれ度を上げてくれる、投資価値のあるアイテムです。

靴とメガネは健康に関わりますから、きちんとしたものを選ばれるのをおすすめします。

アクセサリーは、高価である必要はありません。ただ、良いものはそれなりに気分を上げてくれますから、そこは使い分けましょう。どちらにしても、私たち世代にとってアクセサリーはとても重要なアイテムです。

洋服の組み合わせも大事ですが、最後に小物でどう着こなしを完成させるかが、おしゃれの極意です。

お金をかける価値があるものと、そうでないものをきちんと見極めると、おしゃれの幅が広がりますよ。

これから新たにお金をかけなくて良いものは、「洋服」です。

今まででいちばんたくさん買ったのは、洋服ではないでしょうか？

クローゼットには、同じような服が何枚もあるはずです。それを活かしながら、より今の気分で着こなせるようなものを足していくのが、いちばん効果的です。

何を着るかよりも、どう着こなすか。

同時に、どこのおしゃれを充実させるかが大事になってきます。

次の章では、そういった洋服についてご紹介しましょう。

3章のまとめ

・お金をかける価値があるものは、「健康」に関わるものです！

・投資価値のあるものをひとつ加えるだけで、コーデがクラスアップします。

・大人だからこそ、本物が品良く似合います。

4章

もっとおしゃれが楽しめる「洋服」との向き合い方

これからは年齢的にも家で過ごすことが増えてくる私たちが、最初に見直したいのは、家で着る服です。

私自身、今までは、出かける場所や相手に応じておしゃれを楽しんでいました。それがコロナ自粛でお出かけが減り、おしゃれをすることも少なくなってしまいました。人に会えないことだけでなく、おしゃれをする機会がなくなった閉塞感は、思いの外大きなストレスでした。それなら、家まわりでのおしゃれを楽しもう、そう思ったんですね。

家まわりで着る服をブラッシュアップする意味を込め、「普段着」ではなく「家着」と呼ぶことにします。

「家着」とは、家時間を快適に楽しく過ごすための洋服です。

それまでの私は、全身白、グレーを中心としたベーシックカラーのユニクロばかり。家で簡単に洗えることを絶対条件に、安さと品質で選んでいました。でも今はいちばん長く着る家着だからこそ、もっとおしゃれを楽しみたいと思っています。

家着を見直そう

家着を見直すには、クローゼットの中の着ていない洋服のチェックから始めましょう。いちばん着ていないのは、以前はお出かけ用として着ていたのに、新しい洋服を買うといつの間にか着なくなった服です。お出かけ着としては着なくなったので、1軍ではなく1・5軍ですね。まずはこの1・5軍を家着に加えてコーディネートを考えましょう。

もともと外出用に買った洋服ですから、きちんとつくられたものです。これを家着に加えるだけで、コーディネートがクラスアップされちょっとリッチな気分になれますよ。新しく買うなら、足すと家着コーデが楽しくなるというニューアイテムを投入しましょう。

1
1.5軍をプラスする

着なくなった膝丈ワンピースは、プリーツパンツを合わせると今らしいシルエットに。ジャージのワンピース／バーニーズNY、プリーツパンツ・ミニスカーフ／ZARA、ブーツ／トップショップ

ジャージのジョガーパンツは、動きやすくて家着にぴったり。1.5軍は、ジャージのロングカーディガンです。カーディガン／シンクロクロッシング、Tシャツ／H&M、ジョガーパンツ／GU、ミニスカーフ・スニーカー／ZARA

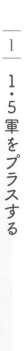

2 ニューアイテムを足す

お尻が隠れるビッグシルエットのシャツは、いつものラクチンコーデに羽織るだけで、ストライプの縦ラインが、ほっそりと見せてくれます。シャツ／ZARA、タンクトップ／H&M、ジョガーパンツ／ユニクロ、ブーツ／ZARA

サロペットの縦長のIラインは、ラクでスッキリ見せてくれ、気になるお腹周りも大丈夫。サロペット／ジャーナルスタンダード、Tシャツ／GU

ジーンズを着こなす

家着といえば、外せないのはジーンズではないでしょうか。

私の若い頃は、アメカジが流行りました。あれ以来ジーンズはずっとおしゃれアイテムです。**ジーンズは元々作業着ですから家着にもとても適しています。**

優しいブラウスにも、カジュアルなロゴTシャツにも、私たち世代におすすめの白シャツにも、ジーンズはよく似合います。

パンプスにすればエレガントに、ワークブーツにすればハードに着こなせます。

ジーンズほど着こなしのバリエーションが広いものはないくらい便利なアイテムです。

だからこそ、もう一度ジーンズコーデを見直してはどうでしょう。

ジーンズは、家着も充実させてくれるだけでなく、私たち世代だからこそのいろんな着こなしができます。

「60歳になったら、もう一度ジーンズを！」をキャッチコピーにしたいくらい。

今までのおしゃれのキャリアがものを言うのが、ジーンズです。

撮影の日は、みんなジーンズでした！　〈当日スナップ写真より〉

右：縦長のIラインがつくれるワイドパンツは、ショートトップスを合わせると、足長効果大。ジーンズはプリントにもよく合います。ジーンズ／ ZARA
左：ジーンズだからこそ、甘辛コーデが決まります。足元をサンダルにするか、ワークブーツにするかで、着こなしが大きく変わるのも、ジーンズの懐の深さです。ジーンズ／エドウィン

右：ジーンズならどんなキレイな色も、程良くカジュアルに着こなせます。
ジーンズ／レッドカード
中：Gジャンは、ジーンズと同じくらい使い勝手の良いアイテムです。少し甘めのワンピースも、Gジャンと合わせれば私たち世代でも大丈夫！
Gジャン／ K.T、ワンピース／トップショップ
左：ベーシックアイテムのコーデも、ジーンズならさらりとカッコよく着こなせます。ジーンズ／ミセスジーナ、Tシャツ／ GU、コート／アニオナ

いろんなファッションを楽しみたい！

最近の洋服はベーシックなものが主流です。シンプルでベーシックな洋服は、長く着られるのはわかっていても、時にはインパクトのあるものも着たくなりませんか？**私たち世代になると、流行に飛びつく必要はありませんが、スタイリングに新鮮さを加えるのに、トレンド商品はとても効果的です。**

そんな時におすすめのブランドをご紹介しましょう。

1 トレンドならZARA

ZARAの良いところは、それなりの品質で、トレンドをいち早く、程良い価格で展開しているところです。トレンドアイテムは、定番アイテムのように何年も着る商品ではないので、雰囲気があって、そこその品で十分です。

ZARAのお店を見ると、今何が流行しているのかがわかるくらい、新鮮な商品がたくさんあり、まるでファッション雑誌を見ているみたいですね。

中でもおすすめなのが、プリント。

インポートらしい鮮やかな配色は、気持ちを明るくさせてくれます。

メリハリのあるプリントは、若い頃よりも、年齢を重ねたほうが、ずっと似合うようになります。不思議ですね、年齢というキャリアが、人格と風格をつくるからでしょうか。

どんなトレンドも大胆なプリントも、堂々と着てしまえば自分のものとして着こなせるようになるのが、私たち世代です。

そんなファッションのチャレンジを、ZARAから始めてみましょう。

私がZARAをおすすめするのは、ネット購入が格段に便利だからです。

購入金額やセール品にかかわらず1点から送料無料のうえに、返品も無料、自宅に集荷にも来てくれます。

ネット販売でいちばんのネックは、試着ができないことと送料がかかることです。

いつも着ているからサイズはわかっていると思われるでしょうが、デザインによってサイズ感が違いますから、必ずサイズ違いでオーダーしてください。

ネット注文の良いところは、持っている洋服や靴と合わせて試着できるところです。

自宅ですから冷静に判断できるのも◯ですね。

1か月以内なら、返品OKですから、じっくり考えられますよ。

レオパードやスネーク柄に品があるのも、インポートブランドの特徴のひとつです。ライダーズジャケットも、ZARAの得意アイテムのひとつです。ブルゾン・スカート／ ZARA、Tシャツ／ユニクロ

ZARAらしいジオメトリックな鮮やかなプリント。プリントの中の一色をトップスに合わせれば、上下の繋がりができスッキリと着こなせます。スカート／ ZARA

2　リサイクルショップやメルカリを活用しよう

ファッション商品を、どこよりも安く買えるのが、リサイクルショップやメルカリ、ヤフオクです。

今回モデルをお願いしたみなさんは、「それがなければおしゃれを楽しめない！」というほど、上手に活用されています。もちろん私も利用していますよ。

何万円もした商品が、数百円で売られることもありますから、宝探し感覚の楽しみもあります。

今までは、終活や断捨離が頭にあって、洋服は良いものを長く着て枚数を増やさないようにしなければと思っていました。もちろんそれも大事ですが、**数百円、数千円で気軽におしゃれが楽しめて気分が上がるなら、これもありではないでしょうか。**

ヤフオク、メルカリは返品ができないので洋服はハードルが高いでしょう。

最初は、アクセサリーやバッグ、スカーフなどからトライしてみましょう！

初めてのアイテムや、いつもなら手を出さないようなデザイン、カラーのものを気軽に試せます。

すべて、メルカリ、リサイクルショップ、ヤフオクで購入したもの。
ブランド品も、安く買えます！

ギンガムチェックのシャツはメルカリ。ジーンズ／レッドカード、靴／マイマイ※

ジャージのジャケットは、メンズのＳサイズをリサイクルショップで購入。Ｔシャツ・パンツ／ユニクロ、靴／ホーマーズ※

アディダスのブルゾンは、メルカリで購入。スカート／ Amazon、靴／マイマイ※

ニットのロングカーディガンは、メルカリで購入。ジーンズ／ ZARA

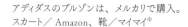

3 ― アイロンがけで変わること

オンラインショップで見る商品は、とても素敵なのに店頭で見るとなんだかくたびれて見えることがあります。

もちろん、モデルが着ているから……もありますが、実はきちんとアイロンがかかっているかどうかで、洋服の見え方は大きく違います。

高い素材のものはシワにも味があり、ピシッとアイロンがかかっていなくても、それなりに見えるのですが、プチプラになればなるほど、シワが汚く見えます。

プチプラを着る時にいちばん大事なのは、きちんとアイロンをかけることです。Tシャツでもアイロンをかけると、シャキッとしてキレイに見えますよ。

撮影で大事なのはコーディネートですが、それと同じくらい重要なのが、アイロンがけなんですね。

プチプラやユーズドをキレイに着るためには、アイロンとアイロン台は、良いものをお使いください。

みなさん、アイロンの性能に注目されますが、実はアイロン台が大事です。かけやすさや仕上がりを考えると、立ってかけられるスタンド式がおすすめです。台は広めのほうが、一度にアイロンをかけやすいですし、クッション性の高いものだと、キレイに仕上がりますよ。

アイロン台に投資すると、プチプラも高見えします！

もう一度メイクを

この年齢になると、「メイク」の力が必要になります。

私はメイクが苦手で、いつも適当に薄めにしていました。それでも眉が太くて目も大きいので、それなりに見えていたんです。

ところが年齢と共にいろんなところがたるんでくると、どんどんぼやけた顔になってきます。その頃、きちんとメイクをすることを教えてくれたのが、藤原民子さんです。

正直「いまさらメイク？」と思いましたが、今までやったことのなかったアイラインを引くと、目元がはっきりします。眉を今風に描くだけで垢抜けて見えます。

それからメイクを勉強しようと、YouTubeを見始めました。

ファッションと同じで、メイクもその世代にあった方法があるんですね。

右：民子さんにすすめられたスキンケアパウダー。仕上げにこれをつけるだけで、肌に透明感が出ます。スノービューティー　ホワイトニング　スキンケアパウダー／資生堂
左：燕の巣を原料にしたオールインワン美容液。私のスキンケアは、これ1本だけです。／プリンセススワロー※

今までは苦手だからと控えめにしていたメイクですが、きちんとすることで、元気にキレイに見えます。

この本の撮影は、いつも見ているYouTuberの化け子さんことヘアメイクアーチストの岸順子さんにお願いしました。私たち世代の悩みを熟知されているだけあって、その仕上がりはナチュラルなのに、キリッとメリハリがつきます。

岸さんのYouTubeは、悩みに応じてさまざまなテクニックや商品を紹介されています。私もいくつか試してみました。簡単ですぐに役立つノウハウが満載なだけでなく、化け子さんのお話を聞いているだけで元気になりますよ。

ぜひ、ご覧になってみてください！

YouTube「ヘアメイク職人_化け子」

やっぱりバランスが大事

なんでもバランスがいちばん大事です。
コーディネートを確認する時の、シルエットや色のバランスもそうですが、何にお金をかけて何がプチプラで良いかという、お金のかけ方もバランスが大事です。

これを頭において、ファッションを見直してみましょう。
基準は、「好きかどうか」。
この軸さえはっきりしていれば、もっとおしゃれが楽しくなるはずです！

4章のまとめ

・特別な日よりも、
いつもの毎日をおしゃれに暮らすと、
おしゃれの満足度が上がります。
家周りの洋服こそ、おしゃれに。

・洋服こそ、
いろんなものを着て楽しみましょう。
そのために、
ユーズド（古着）をもっと活用して。

・年齢を重ねるほど、
メイクは効果を発揮します。
年齢に合ったメイク情報はYouTubeから。

5章

髪を着こなす「グレイヘアでもそうでなくても」

この年齢になると、避けて通れないのが、「白髪をどうするか」です。

ここまで、「老いることを受け入れて、加点方式でおしゃれを楽しみましょう!」とお話ししてきました。

「だから白髪染めは、やめるべき!」とは思いません。

ご自分で選択されれば良いと思います。

私は、50歳になる前に白髪染めをやめ、数年前は「グレイヘアスタイリスト」としてお仕事をしていました。

私が白髪染めをやめたのは、染め続けるのが面倒だったからです。

お金と時間をかけて、髪や頭皮にダメージを与え続けてまで若さにこだわりたいか?と考えて、やめることにしました。

確かに白髪が伸びきるまでは、迷いもありましたし、不自然に見えました。

リアルに「老い」を実感しましたね。

ちょうどその頃、「美魔女」が登場し、年齢よりもかなり若く見える女性が注目を集めていました。

その頃のシニア女性のイメージは、若さを追求する「美魔女」か、自然がいちばんとオーガニックな生活にこだわる「ナチュラリスト」しか思い浮かびません。

自分がこれから、彼女たちのようになりたいかと考えた時、どちらにも興味がわきませんでした。

私は、今まで通りにファッションを楽しみながら、でも若づくりをしない歳の重ね方をしたい！　白髪でおしゃれな女性を目指したいと思い、白髪染めをやめました。

白髪染めをやめて良かったこと

白髪染めをやめると、どんなキレイな女優さんも老けて見えます。ましてや普通の私たちは推して知るべし……です。

白髪染めをやめて良かったことは、

・毎月の白髪染めに使う時間とお金がかからなくなった
・伸びてきた根元の白髪を見て、イラっとすることがなくなった
・髪にツヤとハリが戻ってきた

髪が元気になったのは想定外でしたから、とてもうれしかったです。

グレイヘアが完成してからは、

・今まで似合わなかった鮮やかな色が、しっくりと似合うようになった
・キレイな色やキラキラしたアクセサリーをたくさんつけても、品良く馴染むようになった
・「若いね」とは言われなくなったが、「素敵ね」と言われることが増えた

白髪染めをやめるとこんなに良いことがあります。

中でもいちばんのメリットは、これ。

グレイヘアは、どんなにおしゃれをしても、若づくりと言われません！

この年齢になると、いちばん言われたくないのが「若づくりの痛い人」です。

おしゃれはしたいけれど、若づくりをしているとは思われたくありません。年甲斐もなく……と言われないように、いつもおしゃれの加減を気にしていました。

ところが白髪なだけで、「この人は、若く見せたいのではなく、おしゃれを楽しん

でいるんだ」と思ってもらえることに気づきました。

白髪を染めていた頃は「派手すぎるかも？」とつけたことのなかった赤い口紅も「似合うね」と褒めてもらえます。それまでは着たことのない黄色のワンピースも、「素敵ね」と好評です。

白髪にするだけで、どんなおしゃれも楽しめるようになりました！

髪は色よりも毛量

髪の色ばかりが注目されますが、私たち世代にとって大事なのは、ボリュームです。たとえば女優の草笛光子さんのように、真っ白な髪でもボリュームがあると、年齢を超えて素敵に見えます。逆にキレイに染めていても、髪が少なくてペタンとしていると残念に見えますよね。

若々しくおしゃれに見せたいなら、ボリュームが大事です。

今まで似合っていたヘアスタイルが似合わなくなるのは、髪の量とコシがなくなるからです。朝は決まっていたヘアスタイルも、時間と共にヘタってしまいます。

それまで老いを感じさせるのは白髪だと思っていましたが、実はこのボリュームダウンが大きく影響します。

スタイリストの私が言うのも変ですが、何を着るかよりも、どんなヘアスタイルかでおしゃれ度が決まると言っても良いくらいです。

みなさんもヘアスタイルが決まった日は、明るい気分になりませんか？

若い頃はタイトなヘアスタイルもカッコ良く決まりましたが、歳を重ねるとふんわりウェーブのボリュームがあるヘアスタイルが似合うようになります。

髪を染めるかどうかよりも、どんなヘアスタイルにするのかはもっと大事です。

髪は女の命……だけでなく、ヘアスタイルはファッションの肝ですからね。

1 — ボリュームを出す方法

いちばん効果があるのは、パーマをかけることです。

せっかく白髪染めをやめて頭皮に負担をかけなくなったのに、パーマなんて……と思われるでしょう。**美容師さんにお聞きすると、白髪染めほどダメージを与えないそうです。即効性と持続性を考えると、やはりパーマはおすすめです。**

私はシャンプーをノンシリコンに変えたところ、ボリュームが戻ってきました。

私が使っているものは、リンスがないのでどうしてもパサつきます。

そこで、スタイリングの時に使っていた椿油を、洗った髪を半分乾かしたくらいで、つけるようにしたところ、パサつきがおさまりました。この椿油は香りがないので、使いやすいですよ。

2―頭皮マッサージ

もうひとつおすすめなのが、頭皮をマッサージすることです。私は竹ブラシを使ってブラッシングをしていましたが、もっと良いものを民子さんから教えてもらいました。

それが、頭皮&美容機器です。これを頭皮に当てて動かすと、力強く揉まれます。するとと頭皮があたたかくなり、なんだか頭もスッキリとしてきます。髪にも張りが出てきたように感じるだけでなく、顔がリフトアップしたような気が？？？

原稿を書いている間も、行き詰まるとこれで頭皮をケアして乗り切りました（苦笑）。

頭皮が硬いのは髪に良くないと美容師さんも言われますよね。

髪に使うものだけでなく、頭皮をケアするのも、髪を大切にすることになると思います。

右：ノンシリコンシャンプー／haru
左：椿油／新上五島町振興公社

スカルプケア機器／バスタイムエステ スパニスト（アデランス）※

グレイヘア移行期の乗り切り方

グレイヘアの質問で必ず聞かれるのが、移行期の乗り切り方法です。白髪が伸びきるまでは、白と黒の境目がはっきりしますから、不自然に見えてしまいます。

いろんな方がさまざまな方法を紹介されていますが、私がおすすめするのは、「くつ下ターバン」と「スカーフをターバンのように巻く」です。

私は白髪が少ないうちに染めるのをやめたので、移行期は何もしませんでした。ただ、美容に構っていない人に見られないように、いつも以上におしゃれには気をつけましたよ。

くつ下ターバンは、今回モデルもお願いした、YouTuberの島崎真代さんの発案で

す。

最初は、誰もが似合うものではないと思っていましたが、自分でやってみてびっくり！　靴下で結ぶターバンは、締め付けもなくラクです。そのうえ、誰がやっても大人可愛くなります。

1　トライしやすい素敵なターバン

「くつ下ターバンて、何？」と思われますよね。

島崎さん考案のくつ下ターバンは、１００円ショップで売っているくつ下でつくるターバンです。

メンズの靴下を縫い合わせてつくります。靴下なので伸縮性もあり、頭に巻いても痛くなりません。何より、１００円でできるのですから、トライしやすいですね。

島崎さんのインスタやYouTubeでこのくつ下ターバンは紹介され、たくさんの方が愛用されています。生え際の白髪もおしゃれに隠せますから、移行期にとても重宝します。

巻き方のポイント

・耳が出ていると子どもっぽく見えるので、必ずターバンを耳にかぶせる
・巻く時には、かかと部分を上にして巻く
・結び目の先は、頭に馴染ませて立たせない
・ターバンには、大振りのイヤリング、ピアスが似合います！

くつ下ターバンに慣れてきたら、スカーフをターバンにして巻いてみましょう。

色や柄がコーディネートのアクセントになるだけでなく、結び方でいろんなイメージがつくれます。島崎さんのインスタやYouTubeにたくさん紹介されていますから、ぜひご覧になって参考にされてくださいね。

［Instagram］masayoshimazaki　［YouTube］ビバ美婆チャンネル

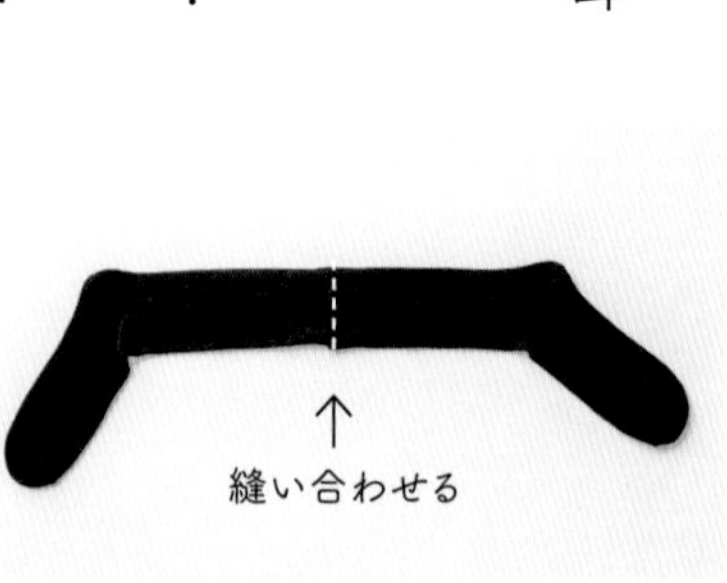

2 — どこにでも使えるのはウィッグ

さすがにターバンで、冠婚葬祭には行けません。

どんな場合でも大丈夫なのがウィッグです。

初めてグレイヘアのウィッグを試着したところ、あまりに自然と馴染んだのに驚きました。

ウィッグの白髪の量が地毛よりも多かったのですが、動きがある軽やかなヘアスタイルで、むしろ若々しく見えました。

「若々しく見えるヘアは、色ではなくボリューム」を実感した瞬間です。

これなら移行期だけでなく、急なお出かけの時にも使えて便利ですね。

ウィッグを選ぶポイントは、黒髪ではなく、グレイヘアや明るい色にすること。

実は、いちばん老けて見えるのが、黒髪です。

年齢を重ねたら髪は明るめにしたほうが、自然に見えます。

おしゃれは、ヘアスタイルで決まると言って良いくらい重要です。

それを考えると、おしゃれ度を簡単に上げるアイテムとして、ウィッグは投資価値があります。

安いウィッグもありますが、メガネと同じように顔の近くにつけるものですから、ある程度良いものをおすすめします。

おすすめは、店頭で頭のサイズに合わせてくれ、似合うようにヘアカットをしてくれるタイプ。

少し高価でも、メンテナンスをしてくれるところで購入すると、長く使えますよ。

グレイヘアの部分ウィッグ。ボリュームを出すだけでヘアスタイルが決まり若々しく見えます／フォンテーヌ※

明るい色のフルウィッグ。頭頂にボリュームを出すと、顎のラインがスッキリ見えます／フォンテーヌ※

白髪は、「老いを受け入れる」きっかけになります。

確かに老けて見えますが、おしゃれが楽しくなる要素もたくさんあります。

そんなに怖がらず、軽い気持ちでトライされてはいかがでしょう。

やっぱり嫌だわ、と思えばまた染めれば良いんです。

私が白髪染めをやめた10年前に比べると、街でグレイヘアの女性をよく見かけるようになりました。そのたびに、染めない選択もできるようになったんだとうれしくなります。以前は白髪でいるとだらしないとか手抜きと言われましたものね。


ここまで、「60歳からの着こなし」について、さまざまなご提案をしてきました。

おしゃれは、私たちが機嫌よく暮らすための力になります。

大事なのは、洋服のコーディネートではありません。着る人がどのくらいファッションを好きで、どれだけおしゃれを楽しんでいるかです。

どうぞこれからは、ご自分のために自由に装ってくださいね。

EDISON

5章のまとめ

・髪は女の命。
白髪でもそうでなくても、
ヘアスタイルは大事です。

・白髪になることで、
似合うようになるもの
がたくさんあります。

・「白髪」が、
若づくりから解放させてくれます。

おわりに　「今の自分がいちばん好き！」と言える毎日を

元々この本は、昨年の夏に『59歳からの着こなし』として出版する予定でした。

コロナなどさまざまな理由で一時頓挫をしましたが、みなさんのおかげで、無事出版することになりました。

今となっては1年遅れての出版で、本当に良かったと思います。

私が本を通じてお伝えしたかったことは、昨年と変わっていません。

女性にとって、おしゃれは元気の素です。
いくつになっても自分らしく楽しく過ごすために、
これからもどんどんおしゃれをして、気分を上げ、ますます人生を楽しみましょう！

何が変わったかというと、おしゃれのセオリーです。
本を書くにあたって、いろんな本を読みました。
そこには、同じようなことが書かれています。

・スタイルのある人は、いつも同じような服を着ている
・シンプルがおしゃれ
・引き算の美学
・良いものを数少なく、着回す

昨年までの私は、多少の違いはあれ、そう思っていました。

ところが、「引き算の着こなし」の私は、なんだか貧相に見えて、気分が上がりません。
年齢を重ねて、顔がくすんできた私には、もっと華やかさが必要です。

ためしにアクセサリーをつけてみたところ、顔が明るく見えます。
キレイな色のスカーフを巻いてみると、もっと華やかになります。

私たち世代に必要なのは、「引き算」ではなく「足し算」だ！

そう気づいた瞬間です。

60代から、おしゃれのセオリーが変わります！

周りを見ると、おしゃれな同世代や先輩たちは、もっと自由にファッションを楽しんでいます。

「そうそう、おしゃれを楽しむってこういうことだよね」と気づかせてくれました。

振り返ってみると、これまで誰もリアルな60代のファッションについて語ってくれていませんでした。

そこでこの本では、60代の私の実感を元に、おしゃれのノウハウをたくさん盛り込みました。

これだけは知っておいた方が便利だよ、という誰にでも当てはまるセオリーをご紹介しましたが、そこから先は、どうぞご自分が好きなものを着てみましょう。

ファッションに正解や間違いはありません。
あなたが、好きか嫌いかだけです。

20代の頃、バブルを経験した私たちは、何よりファッションが好きでしたよね。
DCブランドやインポートブランドを着込み、おしゃれを楽しみました。
あのワクワク感があれば、もっと元気になれるのではないでしょうか。
私たちにとって、ファッションとは、単に装うことだけでなく、生き方です。
ファッションの面白いところは、同じノウハウでも、いろんなおしゃれが楽しめるところです。
それをお見せしたくて、素敵な友人たちに協力してもらいました。
60代からは、自分のためにおしゃれをしましょう！
どんなふうに着こなしたら良いかわからない方は、ぜひこの本を参考にしてください。
そして自分の気分を上げるおしゃれを見つけてください。
人生でいちばん楽しいと言われる60代を、自分らしいおしゃれを楽しみましょう！
リアルな60代は、もっとおしゃれです。もっと自由におしゃれを楽しんでいます。
それをお伝えしたくて、この本を書きました。

どうぞいろんな着こなしを、楽しんでください。
自分らしく生きていれば、誰もが魅力的になります。
「若さ」という見た目の評価から離れると、いろんな「素敵」が見えてきます。

「若く見えるファッション」から「素敵に見えるファッション」にシフトチェンジしましょう。

それに気づいた時に、もう一度ファッションが楽しくなりますよ。

「今の自分がいちばん好き！」

これからの人生を自分らしく楽しく元気に過ごすために、ファッションを味方につけましょう！

good age stylist　花本幸枝

藤原 民子

age
61

プラチナヘアモデルとして、さまざまなメディアで活躍中。昨年よりショップチャンネルで自身のブランド「タミ・ブラーマ」をスタート。スッキリ、スタイルアップする着こなしで、同世代の女性のみならず、さまざまな世代の支持を集めています。
30年間の美容部員としてのキャリアとそのファッションセンスでSNSでも大注目です！
[Instagram] ta.mi.ko_f05

島崎 真代

age
67

「くつ下ターバン」考案者として、SNSで活躍中。昨年秋から始められたYouTube「ビバ美婆チャンネル」では、ご自身のファッションのこだわりや、同世代の素敵な女性を紹介され、登録者数はすでに2千人超え。
アメカジが大好きで、シンプルだけどカッコ良いを目指す。いくつになってもファッションを楽しんでいらっしゃる、おしゃれな先輩です！
[Instagram] masayoshimazaki

松橋 ゆかり

age 56

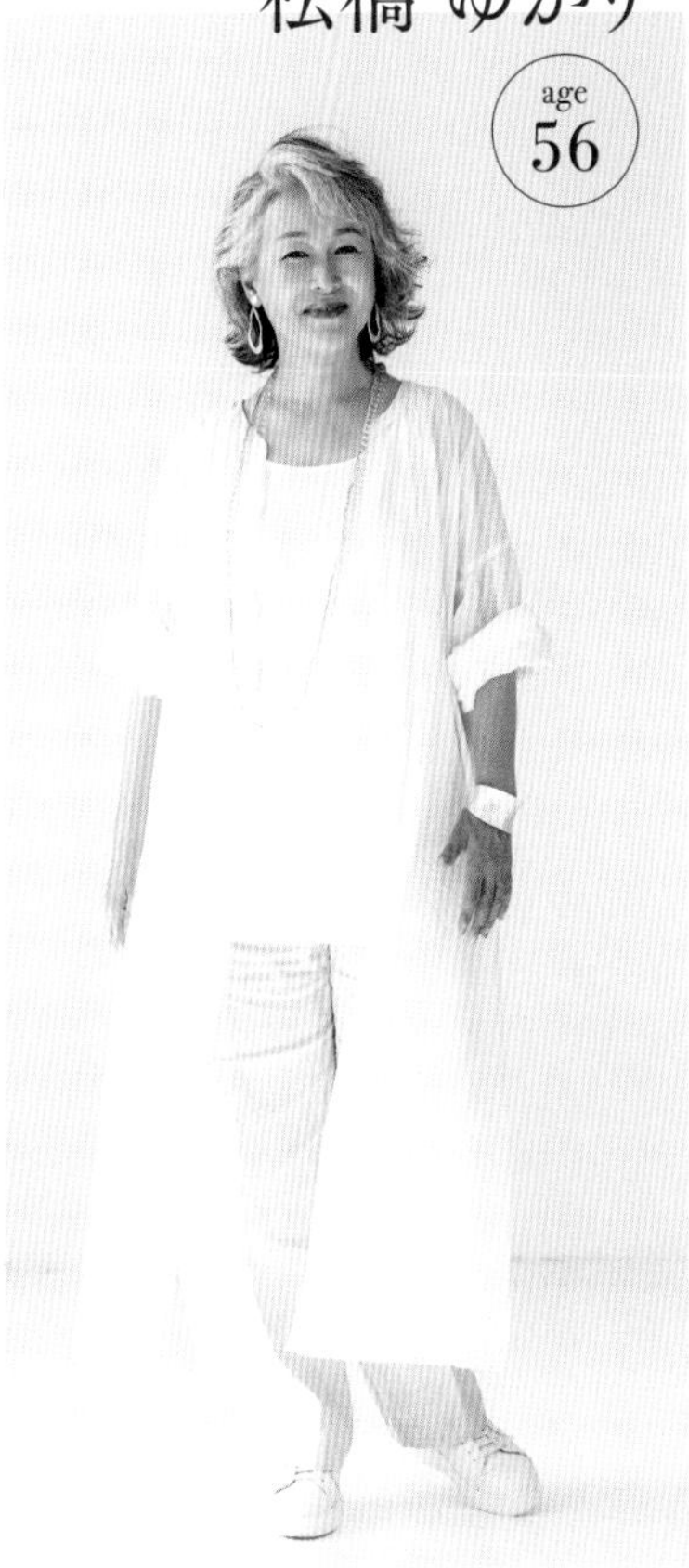

松橋さんといえば、「着物！」というほど、個性的な着こなしが魅力的です。今回は、無理をお願いして、洋服で参加していただきました。気になるファッションは、年齢や人目を気にせず、なんでもトライされるそう。
「自分らしく自由に。でも無理はせずに心地よいものを」がおしゃれの基準です。
透明感のある笑顔で、現場を和ませてくださいました！

山本 尚子

age 60

アクセサリーからコートまで、ご自分でつくるほど、ファッションにはこだわりがあります。
トレンドに振り回される時期もあったとのことですが、グレイヘアをきっかけに「好きなものを着れば良い」と吹っ切れ「私スタイル」を楽しむようになられたそう。エッジの効いた着こなしが、只者ではない感じを醸し出している素敵マダムです！

花本 幸枝

age
60

大手アパレル企業で、新ブランド開発や新規事業開発などのマーケティングを担当後、40歳で独立。近年は、宝島社の『素敵なあの人』の連載「おしゃれの方法論」をはじめ、シニア世代向けファッションアドバイスを中心にパーソナルスタイリストとしても活動。HPでシニア世代のためのファッションブログを毎日更新中。

今秋に、「ファッションで、元気に楽しく歳を重ねる」をモットーにした、60代女性のコミュニティーを立ち上げ予定。私たち世代が、楽しそうに機嫌よく過ごしていれば、周りの人たちも楽しくさせ、ひいては社会を明るくさせ、経済を回すと確信しています。

今後の野望?は、百貨店で「60代向けのセレクトショップ」をオープンさせること。

リアルな60代は、もっとおしゃれで、もっと自分のために装いたいと思っています。

そんな彼女たちが満足する、商品、サービスを提案したいと思います。

ご興味のある方は、ぜひご連絡を!

［HP］ https://www.sachie-hanamoto.com/

おすすめのショップ

オートフィッツ

〒180-0003
東京都武蔵野市吉祥寺南町1-17-2

TEL	0422-47-8891
OPEN	平日11:00 〜 19:00 土日祭10:00 〜 19:00
定休日	HPでご確認ください
HP	https://o-fits.com/

グローブスペックス　渋谷店

〒150-0041
東京都渋谷区神南1-7-5アンドスビル 1F、3F

TEL	03-5459-8377
OPEN	11:30 〜 20:00 現在、コロナの関係で 12:00-19:00の時短営業を行っております
定休日	なし
HP	http://www.globespecs.co.jp/

※7月移転予定

グローブスペックス　代官山店

〒150-0033
東京都渋谷区猿楽町11-19アルファースト1F
TEL｜03-5459-3645
OPEN｜11:00 ～ 20:00
現在、コロナの関係で
12:00-19:00の時短営業を行っております
定休日｜なし
HP｜http://www.globespecs.co.jp/

グローブスペックス　京都店

〒604-8172
京都府京都市中京区場之町586-2 新風館1F
TEL｜075-241-0876
OPEN｜11:00 ～ 20:00
現在、コロナの関係で
12:00-19:00の時短営業を行っております
定休日｜なし
HP｜http://www.globespecs.co.jp/

meganeno kawakami

〒108-0071
東京都港区白金台5-15-2-102
TEL｜03-6447-7088
OPEN｜12:00 ～ 18:00
定休日｜火曜・水曜
HP｜https://akitto.co.jp/

ジェリクール

〒162-0825
東京都新宿区神楽坂6-36-1 神楽坂ビル1F
TEL｜03-3260-0524
OPEN｜12.00 ～ 18:30
定休日｜日曜・月曜・買い付け時（不定期）
HP｜https://www.jellicour.com/

PFE TAKASHI DEGUCHI
BAROQUE ROOM Atelier & Shop

〒516-0076
三重県伊勢市八日市場町3-26 2F
TEL | 0596-27-5416
HP | www.baroqueroom.com
詳しくはInstagam ID：pfedeg でご確認ください。

PFE TAKASHI DEGUCHI
PFE Shop@Tokyo

〒150-0012
東京都渋谷区広尾5-9-22-C
TEL | 03-3443-4566
オープンデーは毎月一週間程度
HP | www.baroqueroom.com
詳しくはInstagam ID：pfedeg でご確認ください。

お問合せ先

アキット	megane no kawakami	☎ 03-6447-7088
アデランス	アデランス通販	0120-05-1960
アン・バレンタイン	グローブスペックスエージェント	☎ 03-5459-8326
クローチェクロス	クローチェクロス	☎ 03-6805-0372
セリマ	グローブスペックス ストア	☎ 03-5459-8377
タリアン	グローブスペックス ストア	☎ 03-5459-8377
ティエリーラボタン	オートフィッツ	☎ 0422-47-8891
ホーマーズ	クローチェクロス	☎ 03-6805-0372
フォーンテーヌ	フォンテーヌお客様サービス室	0120-155-160
プリンセススワロー	0120-978-474（10:00 ～ 19:00 土日祝を除く）	
マイマイ	オートフィッツ	☎ 0422-47-8891
マイム	オートフィッツ	☎ 0422-47-8891
PFE TAKASHI DEGUCHI		☎ 03-3443-4566

本文デザイン | 齋藤知恵子
撮影 | 田頭拓人
ヘア＆メイク | 岸順子
（帯表ページ、021p、023p、034p、037p、043p、047p、055p、060p、061p、071p、109p、130p〈山本〉、131p〈松橋〉、134p、135p、139p、142p〈松橋〉、163p、178p、179p、180p）
メイク | 藤原民子
（039p、053p、067p、073p、079p、085p、098p、100p、130p〈藤原〉、131p〈花本〉、142p〈花本〉、143p〈藤原・島崎〉、165p、168p、170p）

今日からもっと自由にもっと楽しく

60歳《さい》からの着《き》こなし

2021年8月15日　初版発行
2022年8月8日　2刷発行

著　者……花本幸枝《はなもとさちえ》
発行者……塚田太郎
発行所……株式会社大和出版
東京都文京区音羽1-26-11　〒112-0013
電話　営業部03-5978-8121／編集部03-5978-8131
http://www.daiwashuppan.com
印刷所／製本所……日経印刷株式会社
装幀者……大場君人

ISBN978-4-8047-6352-1